Diogenes Taschenbuch 23121

de
te
be

Ludwig van Beethoven

Briefe

Herausgegeben von
Erich Valentin

Diogenes

Die vorliegende Auswahl erschien erstmals
1973 unter dem Titel
›Die schönsten Beethoven-Briefe‹
im Langen Müller Verlag, München
Umschlagillustration:
J. K. Stieler,
›Ludwig van Beethoven‹,
1821

www.diogenes.ch
20/05/36/2
ISBN 3 257 23121 0

Inhalt

Einleitung

Die vorliegende, von Erich Valentin zusammengestellte Auswahl erschien erstmals 1973 unter dem Titel ›Die schönsten Beethoven-Briefe‹. Valentins Einleitung wurde leicht gekürzt. Die Zeittafel im Anhang wurde in unveränderter Form übernommen und durch eine Bibliographie ergänzt.

Kann man von Beethovens Briefen sagen, daß sie »schön« seien? Ihre »Schönheit«, wenn das Wort überhaupt Anwendung finden soll, ist ausschließlich in ihrer Wahrhaftigkeit begründet, wenngleich es sogar Momente geradezu poetischer Diktion und sprachlicher Schönheit gibt. Aber das Wesentliche, um das es in erster Linie geht, beruht auf der unverhüllten Wirklichkeitsnähe, die den Briefen autobiographische Züge verleiht und damit ihren Wert bestimmt. Auf sie trifft in vollem Umfang zu, was Goethe in seiner Dokumentation *Winckelmann und sein Jahrhundert* (1805) bemerkt: »Briefe gehören unter die wichtigsten Denkmäler, die der einzelne Mensch hinterlassen kann. Lebhafte Personen stellen sich schon bei ihren Selbstgesprächen manchmal einen abwesenden Freund als gegenwärtig vor, dem sie ihre innersten Gesinnungen mitteilen; und so ist auch der Brief eine Art von Selbstgespräch. Denn oft wird ein Freund, an den man schreibt, mehr der Anlaß als der Gegenstand des Briefes. Was uns freut oder schmerzt, drückt oder beschäftigt, löst sich von dem Herzen los, und als dauernde Spuren eines Daseins, eines Zustandes sind solche Blätter für die Nachwelt immer wichtiger, je mehr dem Schreibenden nur der Augenblick vorschwebt, je weniger ihm eine Folgezeit in den Sinn kam.« Insofern allerdings ergibt sich ein gewisser Unterschied zu Goethes Definition, als bei Beethoven der »Gegenstand« ebenso wichtig erscheint wie der »Freund«, der »Augenblick« ebenso gravierend wie die »Folgezeit«. Denn fast alle Briefe Beethovens, die dem Augenblick entsprungen sind, zielen mit Wunsch, Bitte oder Befehl auf eine als Folgezeit zu bezeichnende Absicht. Das ist bedingt durch die im Grunde genommen schon früh anhebenden wirren Situationen, deren »Spuren« sich in einer bedrängenden Kontinuität bis zum Lebensende hin vervielfachten und ihn zwangen, sich jemandem anzuvertrauen und von ihm Rat und Beistand zu erbitten. Das Kernmotiv ist der »Zustand« eines kranken Menschen, ein unabläßlich sich verdichtendes Mit- und Nebeneinander von verhängnisvollen Augenblicken, deren Summe sein »Dasein« ausmachten. Ein fröhlicher, im Grunde seines Herzens nach Geselligkeit und Gespräch strebender Mensch, dem jedes Pathos fremd war und der mit wißbegieriger Aufgeschlossenheit die Begebenheiten seiner Zeit und Umwelt verfolgte, wurde zum Einsamsein verurteilt. Eben dieser Zwang, den er deutlich und nüchtern erkannte, veranlaßte ihn, sich in Briefen seinen Freunden zu erkennen zu geben und ihnen zu offenbaren, wie es um ihn stand.

Es ist auffallend, daß die Augenblicke schwerster Depression oder Verzweiflung in seinen Briefen, nicht aber in seinen Werken ihren Niederschlag fanden. Das soll nicht besagen, daß sich Beethoven in seinem Schaffen »verstellte«, sondern nur unterstreichen, wie persönlich und wechselvoll die »Zustände« waren, die ihn bedrückten, gelegentlich auch durchaus erfreuten, wohingegen die Aussage im Werk eine grundsätzliche, von Natur aus gegebene und von geistig-künstlerischer Entwicklung getragene Haltung darstellt. So ist es beispielsweise kein Zufall, daß Beethoven, schon in seinen Bonner Jugendjahren von Schillers Ode *An die Freude* angesprochen, sie gute drei Jahrzehnte hindurch über alle Ereignisse hinweg in und mit sich herumtrug, um sie endlich – just in den schrecklichen Jahren, deren briefliche Äußerungen eine durchaus gegensätzliche Diktion von Bitternis, Verzweiflung und Not kundtun – in das humane Programm der Neunten Sinfonie zu verwandeln. Der als »Heiligenstädter Testament« berühmt gewordene Brief an seine Brüder (1802), in dem er unumwunden die Angst vor dem So-weiterleben-Müssen zugibt, sogar wertherische Selbstmordgedanken äußert und sich dennoch zum Leben bekennt, läßt nichts davon ahnen, daß zur gleichen Zeit die Zweite Sinfonie (op. 36) entstand. Die Zerwürfnisse mit seinem Linzer Bruder Johann, der gegen seinen Willen eine ihm detestabel erscheinende Ehe geschlossen hatte, haben keinerlei Einfluß auf die Behaglichkeit der Achten Sinfonie (op. 93) gehabt; eher trägt sie die Zufriedenheit ob der Begegnung mit Goethe zur Schau. Mit diesen Beispielen soll nur angedeutet werden, daß man sich davor hüten möge, aus der Chronologie der Werke Beethovens den Roman seines Lebens herauslesen zu wollen. Wohlgemerkt: von der Chronologie ist die Rede. Denn Titel wie »La Malinconia« im B-dur-Quartett aus op. 18 von etwa 1800 oder »Heiliger Dankgesang eines Genesenen an die Gottheit…« in op. 132 von 1825 und endlich das ernst gemeinte Themenzitat »Muß es sein? Es muß sein!« im Quartett op. 135 (von 1826) stellen Bezüge zu Beethovens menschlichem Dasein her, wie die »Pastorale«, die Sechste Sinfonie, Ausdruck seiner Naturverbundenheit ist.

Aber der Lebens-Roman, der krasse Wirklichkeit war, die Vorgänge, die sein Leben bestimmten, sind ausschließlich in seinen Briefen enthalten und aus ihnen herauszulesen. Allerdings sollte man auch in diesem Falle Vorsicht walten lassen. Manches Zitat, aus dem Zusammenhang, aus dem Augenblick herausgerissen, ist zum Schlagwort geworden und hat, auf das Werk interpretierend angewandt, mehr Unheil als Segen gestiftet. Gleichwie es unerträglich ist, daß bestimmte Werke Beethovens durch plakathaft gewordene Beinamen abgestempelt sind (die cis-moll-Sonate op. 27 1 etwa als »Mondschein«-Sonate, die f-moll-Sonate op. 57 als »Appassionata«, welchen Titel sie erst 1838 erhielt, oder die Fünfte Sinfonie op. 67 als »Schicksals«-Sinfonie), ebenso irreführend ist es, Komplexe wie eben den erwähnten Brief an seine Brüder als »Heiligenstädter Testament« oder die im Nachlaß aufgefundenen Briefe an »die unsterbliche Geliebte« – unter diesem Titel – sozusagen als selbständige poetische Gebilde zu firmieren. Es handelt sich um briefliche Äußerungen wie alle anderen unter den etwa 1300 bekannten Briefen Beethovens. Sie werden nur verständlich aus dem Zusammenhang und aus der Situation, in der sie geschrieben wurden und aus welcher sie sich zur Komplettierung des Bildes der menschlichen Persönlichkeit und ihres Daseins sinnvoll zu allen anderen Briefen einreihen.

Selbstverständlich ergeben sich aus den Briefen Einblicke in das künstlerische Schaffen, weniger allerdings in ästhetischer Hinsicht als in chronologischem oder personellem Bezug (einschließlich der gelegentlich boshaften Seitenhiebe auf Kopisten oder Verleger). Wesentlicher sind die biographischen Details. Man irrt aber, wie gesagt, wenn man allein ein immanent »tragisches« c-moll herauslesen möchte. Es gibt genug scherzose Momente, es gibt genug vergnügliche Töne, die gelegentlich sogar an mozartische Wortspielereien grenzen, wenngleich es keine »Bäsle«-Briefe gibt, auch nicht geben kann, da Beethoven in diesem Belang von geradezu penibler Empfindlichkeit war.

Was sich herauslesen läßt, ist in erster Linie – neben der Dokumentation seiner Lebens- und nicht zuletzt der Zeitgeschichte – die geradezu befreiende Feststellung, daß Beethoven weder Gott noch Titan war, sondern schlicht und einfach ein Mensch, ein genialer zwar, aber ein Mensch! Da er nicht das Glück besaß, einen Leopold Mozart zum Vater gehabt zu haben, war er angehalten, sich seine Bildung und Belesenheit aus eigenen Kräften anzueignen und sich daraus seine Welt-Anschauung zu bilden. Der Vergleich gibt bemerkenswerte Aufschlüsse. Mozart, bis zum 21. Lebensjahr von des Vaters Autorität gelenkt, mußte sich – auf eigene Faust selbständig geworden – nicht allein in späten Jahren einen Kreis von Freunden schaffen, von denen nur wenige seiner Kindheit und Jugend entstammten, sondern mußte sich, vornehmlich in der letzten Phase seines kurzes Lebens in Abwehr und Selbstbehauptung gegenüber künstlerischen Mißverständnissen und gesellschaftlicher Isolierung verzehren. Beethoven, nach dem Tod der Mutter und der Entlassung des Vaters aus dem Hofdienst mit siebzehn Jahren mit schwerer Verantwortung belastet und folgerichtig zur Selbständigkeit gezwungen, hatte zwar Lehrmeister, von denen der kluge Christian Gottlob Neefe (1748–1798) sogar die gewichtige Rolle des Mentors und Anregers erfüllte. In der Beethoven-Biographie von A. W. Thayer wird ein von Karl Spazier in der *Berlinischen musicalischen Zeitung* von 1793 veröffentlichter Ausschnitt aus einem Brief Beethovens an Neefe mitgeteilt: »Ich danke Ihnen für Ihren Rath, den Sie mir sehr oft bei dem Weiterkommen in meiner göttlichen Kunst ertheilten. Werde ich einst ein großer Mann, so haben auch Sie Theil daran.« Aber weniger im Künstlerischen, für das ihm seine Aufgaben als praktizierender Musiker Kenntnis und Erfahrung vermittelten, als im Bereich seiner Persönlichkeitsentwicklung war er früh auf sich selbst angewiesen und zugleich auf den lebendigen Kontakt mit Büchern und Freunden, die ihm bis in die letzten Stunden die Treue hielten. Jene Namen, die seine Umwelt am Rhein personifizierten, waren auch an der Donau existent, in Briefwechsel wie sogar in persönlichem Verkehr. Die Familie Breuning, Wegeler, Ries, Simrock, die Rombergs, Kügelgens, Waldstein (der Beethoven allerdings in Wien enttäuschte) und andere schufen die Atmosphäre, in der er sich wohl fühlte und die er, noch lange von dem

Wunsch erfüllt, in die Heimat zurückzukehren, zu erhalten trachtete. Nicht nur in den Hörsälen der neuen Bonner Universität (1789), mehr noch im heißen Diskussionsgespräch über Kant und Schiller, Herder und Goethe, das man im »Zehrgarten« am Marktplatz führte (wobei auch die Weiblichkeit nicht bedeutungslos war), legte er den Grund für all das, was ihn, den Plutarch-Leser und Goethe-Kenner, zu seinen religiösen und geistigen Prinzipien führte; zu ihnen gelangte er auf Grund seines eminenten Bildungsbedürfnisses durch seine Wiß- und Lernbegierde. Bücher waren ihm unentbehrlich. »Es gibt keine Abhandlung, die sobald zu gelehrt für mich wäre, ohne auch im mindesten Anspruch auf eigentliche Gelehrsamkeit zu machen habe ich mich doch bestrebt von Kindheit an, den Sinn der Bessern und Weisen jedes Zeitalters zu fassen, Schande für einen Künstler, der es nicht für Schuldigkeit hält, es hierin wenigstens so weit zu bringen« (an Breitkopf und Härtel, 2. November 1809). Die Menschen aber, mit denen er darüber sprechen konnte, waren ihm hierbei noch unentbehrlicher. Die gewonnenen Freundschaften mit zunächst honorablen Persönlichkeiten, die später in Wissenschaft, Kunst und öffentlichem Dienst zu Ansehen gelangten, mußten zwar etliche Zerreißproben überstehen. Aber sie waren haltbar, und Beethoven, mit zunehmender Krankheit mißtrauisch und ungeduldig geworden, war einsichtig genug, sich der Einsicht seiner Freunde zu fügen und, wenn er schuldig war, Abbitte zu tun. Den alten Bonner Jugendfreunden gesellten sich in Wien neue hinzu, Amenda, Zmeskall, die gütige Nanette Streicher, Personen der Aristokratie, die ihn als ihresgleichen ansahen und sich seiner künstlerischen Würde beugten. So war denn alles zum Besten, und sein großes Geselligkeitsbedürfnis, der Wunsch, Menschen, Freunde, Gesprächspartner um sich zu wissen, in der Freundschaft und auch in der Liebe erfüllt. (Die Sensationsmache, Beethoven einerseits der Homophilie zu verdächtigen, andererseits wiederum ihm eine uneheliche Tochter in Ungarn zu unterschieben, kann getrost übergangen werden.)

Der Vergleich mit Mozart erschließt noch einen weiteren Aspekt. Obwohl Mozart nur vierzehn Jahre älter als Beethoven war, läßt sich eine geradezu generationelle Distanz feststellen, bedingt nicht nur durch die Unterschiedlichkeit von Alter, Wesen und Herkunft, sondern bestimmt durch die zeitgeschichtlichen Vorgänge. Mozarts Dasein war vom Ahnen kommender Ereignisse geprägt. Für Beethoven, der der Generation Kleists, Hölderlins, Hegels und Napoleons angehörte, war das Geahnte bereits volle Wirklichkeit. Die Zeitwende war eingetreten, die die politische, gesellschaftliche, wirtschaftliche, aber auch geistige Konstellation von Grund auf änderte. Bereits 1789 hatte Schiller die Weltgeschichte als »unsterbliche Bürgerin aller Nationen und Zeiten« proklamiert und die Aufgabe des »menschlichen Jahrhunderts« darin ausgesprochen, »an das kommende Geschlecht die Schuld zu entrichten«, die dem vergangenen nicht mehr abgetragen werden konnte. 1795 hatte er dem »dynamischen« Staat den »ethischen« und den »ästhetischen« gegenübergestellt, in welch letzterem das Grundgesetz, »Freiheit zu geben durch Freiheit«, bestimmen sollte. Die von außen verursachte Umwälzung aus Revolution, Napoleonismus, Krieg, Inflation, erwachendem Staatsbürgersinn, beginnender Industrialisierung, aus Hoffnung, Angst und Enttäuschung wurde von innen unterbaut. Dem von der Säkularisation hervorgerufenen Gegenwartsbewußtsein trat das Geschichtsbewußtsein entgegen, nicht zuletzt in der Musik, z. B. in der Beschäftigung mit Palestrina und Bach, wovon auch Beethoven nicht unberührt blieb. Die von Pestalozzi gelehrte soziale Ausbreitung und Ausweitung der erzieherischen Notwendigkeiten auf alle Menschen führte in Nägeli zur Fixierung der Verpflichtung der Obrigkeit gegen die nunmehr »öffentliche« Musikpflege. »Ahnung und Gegenwart« standen wie Aufklärung und Romantik in einer als klassisch geltenden Epoche hart nebeneinander. Das junge romantische Zeitalter, das nicht nur zu schwärmen vermochte, war von realistischer Unerbittlichkeit erfüllt. Beethoven war immerhin nicht nur Zeitgenosse Goethes, sondern auch schon Eichendorffs und des jungen Heine, Schuberts und letztlich Schumanns, Mendelssohns und Liszts. Die Zeiten-, nicht nur die Jahrhundertwende kam mit Opfern und Auseinandersetzungen zustande. Seumes Vokabel, daß die Kunst »politisch« sein müsse (d. h. in seiner Definition: »dem allgemeinen Wohle nutzend«), und Napoleons Äußerung, daß von nun an die Politik die Rolle des Schicksals in der Tragödie spielen werde, geben einen anderen Hintergrund als die vereinfachende Idealisierung, die den Künstler dieser Zeit gern der Wirklichkeit zu entheben pflegt.

In eine solche Situation der Gegenüberstellung war Beethoven, Angehöriger bereits des von Goethe als Jahrhundert der Fabriken verkündeten Saeculums, hineingestellt. Auf diese Dinge bezieht sich manches, was in seinen Briefen ausgesprochen ist: seine zum Deismus neigende religiöse Anschauung, seine Humanität, seine politischen Urteile, seine Erziehungsansichten (Brief an den Wiener Magistrat vom 1. Februar 1819, den man ebenso ernst nehmen sollte wie die vielzitierten berühmten Briefe) und seine ethische Vorstellung, die er sich von seiner künstlerischen Mission machte, Vorwegnahme der von der französischen Romantik und von Franz Liszt verkündeten Idee der »mission sociale«. Nur so kann man beispielsweise interpretieren, was er am 29. Juni 1800 an Wegeler schrieb: »So viel will ich euch sagen, daß ihr mich nur recht groß wiedersehen werdet, nicht als Künstler sollt ihr mich größer, sondern auch als Mensch sollt ihr mich besser, vollkommener finden, und ist dann der Wohlstand etwas besser in unserm Vaterlande, dann soll meine Kunst sich nur zum Besten der Armen zeigen.«

Alles, was sich in Beethovens Leben begab und in den Briefen, aus »Augenblick« und »Zustand« erwachsen, niedergelegt ist, ist Abbild jener Konflikte, die nicht nur Beethoven betrafen. Aber bei ihm wiegen die Ereignisse schwerer, weil zum Allgemeinen bedrängend und drükkend das Persönliche trat. Die Bedingungen, unter denen sein Weg begann, waren durchaus hoffnungsvoll. Aber die wirtschaftliche Lage, Folge der politischen Aktionen, ließ ihn nicht unbehelligt, so daß er, seiner künstlerischen Würde durchaus bewußt, bestrebt war, sich als guter Kaufmann zu bewähren, zumal seine Anerkennung zumindest europäische Bedeutung gewann. Aber was etwa gewonnen war, zerrann unter dem Zwang der Umstände.

Diese Umstände waren von zwei Momenten bedingt: von seinen Krankheiten und seinen Bemühungen, »Urheber von etwas Gutem« zu sein und sich um die Erziehung seines Neffen Karl, des Sohnes seines 1815 verstorbenen Bruders Carl, zu kümmern.* Damit verbunden waren über die finanziellen Besorgnisse weit hinausgehend die seelischen Belastungen.

In den Briefen vom Juni 1800 an die Freunde Amenda und Wegeler wird zum ersten Male – unter dem Siegel der Verschwiegenheit – davon Erwähnung getan, »daß mir der edelste Theil, mein Gehör sehr abgenommen hat«. Das Übel hatte sich schon 1794 bemerkbar gemacht. Im Heiligenstädter Brief vom 6. und 10. Oktober 1802 ist die Entwicklung als unaufhaltbar gekennzeichnet. Bekanntlich suchte Beethoven der Öffentlichkeit gegenüber das Geheimnis zu wahren. 1815 zeigte er sich zum letzten Male als Pianist. Von da an zog er sich auf sich selbst zurück. Aber nicht allein dieses Leiden beeinträchtigte sein Leben. Denn bereits 1787, im Dankbrief an den Augsburger Advokaten Joseph von Schaden anläßlich seiner Rückkehr von der ersten Wiener Reise, klagte er, »daß, seitdem ich von augspurg hinweg bin, meine freude und mit ihr meine gesundheit begann aufzuhören«; von »eng brüstigkeit«, »schwindsucht« (und »melankolie«) ist die Rede. Am 16. November 1800 spricht er zu Wegeler davon, daß es »mit meinem Unterleibe besser« gehe. Diese Krankheit, von Horst Scherf (1970) als Bangsche Krank-

* Beethoven schreibt den Namen seines Bruders bzw. seines Neffen abwechselnd mit C und mit K.

heit diagnostiziert, ein Leiden, das ihn fast drei Jahrzehnte quälte, führte auch zu seinem Tode. Von 1800 an ist in fast jedem Brief, selbst im Zusammenhang mit geschäftlichen Dingen, von seinem Gesundheitszustand die Rede, von Ärzten, Medizinen und Kuren.

Vieles in Beethovens Dasein und Verhaltensäußerung ist aus diesen Ursachen zu begründen und zu verstehen, die Angst, »für Feindseelig, störrisch oder Misanthropisch« gehalten zu werden, wovon schon im Heiligenstädter Brief von 1802 gesprochen wird, die Angst aber auch, sich offenbaren zu müssen, und die daraus resultierende Scheu vor der Öffentlichkeit, das Mißtrauen, der gelegentlich launenhafte Starrsinn, das Aufbegehren, die Unrast, die ihn hin und her trieb und zur Plage der Wohnungsvermieter machte (Rudolf Kleins Buch *Beethoven-Stätten in Österreich,* 1970, gibt Aufschluß über Beethovens zahlreiche Wohnungswechsel). Grillparzer berichtet über den Wirrwarr in Beethovens Behausung, den er vorfand, als er mit ihm über einen Opernplan verhandelte (»Melusine«), und über seine »Schlampigkeit«, ungewöhnlich und erschreckend, wenn man weiß, daß Beethoven bis zu seinem Rückzug aus der menschlichen Gesellschaft stets gut und à la mode gekleidet zu sein pflegte, auf Noblesse achtete, aufgeschlossen, gesellig und gesprächig war. Vielleicht waren die Behinderungen an Leib und Seele, die sein Verhalten änderten, mit schuld daran, daß er sich, der Weiblichkeit keineswegs abhold, die Verwirklichung des Wunsches, »ein holdes Weib« an sich zu binden, versagte. Das eigentlich Erschütternde ist die Tatsache, daß sich nicht sein Charakter, wohl aber sein Wesen wandelte. Einblick in diese Veränderung gewährt seine Handschrift in Briefen und Noten. Vergleicht man nur Beethovens ersten, zumindest ersten erhaltenen Brief (vom 15. September 1787) etwa mit dem Heiligenstädter Brief (dem sog. »Heiligenstädter Testament« von 1802) oder gar mit den letzten Aufzeichnungen (März 1827), so wird man feststellen, wie sich die Ordnung und Sauberkeit der Schriftzüge mehr und mehr in Unordnung und Unlesbarkeit auflösen, wie die Schrift, vom Augenblick dessen, was ihn bewegte, gleichsam gejagt, flüchtig und beinahe zerfasert wird. Diese im Schriftbild zutage tretende Widerspiegelung deckt sich mit den Inhalten der Briefe, die ihrerseits nahtlos sich aneinanderfügende Dokumentationen seiner Lebensgeschichte sind.

Aber vielleicht stärker noch als die Sorge um seine Gesundheit und die Erkenntnis des körperlichen Verfalls, mit dem er sich zwar nicht abfand, dem er sich aber mit nüchterner Einsicht und vertrauensvoller Gläubigkeit beugte –, stärker vielleicht erschütterten ihn die familiären Konflikte, weil sie ihn im Menschlichen trafen und seine humane Gesinnung verletzten. Mit siebzehn Jahren schon Ernährer seiner Familie und Betreuer seiner jüngeren Geschwister, hielt er sich auch späterhin für verantwortlich seinen beiden Brüdern gegenüber, die ihm nach Wien gefolgt waren. Mit Sorge und Mißtrauen beobachtete er ihre Heiraten, nicht weil sie sich zur Ehe entschlossen hatten, sondern wegen der Frauen, auf die ihre Wahl gefallen war. Er betrachtete die Damen als unwürdige Eindringlinge, deren Naturell und vor allem deren Vorleben nicht seiner Vorstellung entsprachen. Das Zerwürfnis mit Bruder Johann, dem reichen »Kriegsgewinnler«, traf ihn selbst hart;

aber er war zur Versöhnung bereit. Zweifellos tiefer ergriff ihn um der Konsequenz willen das mißliche Verhältnis zur Frau seines Bruders Carl, zu der von ihm mit unverhohlenem Widerwillen verfolgten »Königin der Nacht«, der er nach des Bruders Tod (1815) jegliches Recht und jegliche Fähigkeit zur Erziehung ihres Sohnes Carl, des berühmten »Neffen«, absprach. Die prozessuarischen Auseinandersetzungen, an deren Ende Beethoven recht behielt, brachten eine arge Enttäuschung mit sich. Beethoven hatte das »van« seines Namens für ein Adelsprädikat gehalten. Aus diesem Grunde war die Einleitung des Verfahrens vor dem k. k. niederösterreichischen Appellationsgericht erfolgt. Schwägerin Johanna zerstörte das Traumgebilde, weshalb der Prozeß dem Zivilgericht übertragen wurde, von dem Beethoven – auf kaiserliches Dekret – allerdings das Erziehungsrecht zugesprochen erhielt. Die diesbezügliche Eingabe, in der Beethoven seine pädagogischen Grundsätze vorlegte (Brief an den Wiener Magistrat 1819), ist, wie schon bemerkt, ein Dokument von großer Bedeutung. Mit der günstigen Erledigung waren jedoch die Probleme nicht aus der Welt geschafft. Neffe Carl, den Beethoven als seinen Sohn behandelte und um dessentwillen er seine Ersparnisse zusammenhielt, machte Schwierigkeiten, vielleicht von seiner Mutter aufgestachelt, und trieb die Undurchsichtigkeit seines Verhaltens auf die Spitze, als er durch einen (fingierten?) Selbstmordversuch seinen »Vater« zutiefst erschreckte. Beethoven, der alle möglichen Erziehungsversuche unternommen hatte, hegte sogar, um den Neffen der Einflußsphäre seiner Mutter zu entziehen, den Plan, ihn in das bayerische Landshut zu entsenden, um ihn den Händen Johann Michael Sailers (1751–1832) anzuvertrauen. Das Letzte, was Beethoven tun konnte, war, ihn »unters Militär« zu stecken. Neffe Carl wurde ein solider »Bürger«, mit »braven« Kindern, von denen nur der Sohn Ludwig »in die Laufbahn der Hochstapelei« geriet.

Daß Beethoven sich selbst auf dem Weg über die Gerichte seines Rechts zu versichern suchte, mag im ersten Augenblick irritieren. Denn auch im Kampf um die Weiterzahlung der ihm von Erzherzog Rudolph und den Fürsten Kinsky und Lobkowitz ausgesetzten Rente (1809) rief er die Gerichte an. Es soll nichts beschönigt werden. Aber der Wahrheitsfanatiker Beethoven hatte auch wohl keine andere Möglichkeit, im Glauben an Recht und Gerechtigkeit sich vor sich und den anderen zu behaupten. Er konnte nicht begreifen, daß Recht und Gesetz auch »ungerecht« sein konnten. In solchen Situationen kannte er keine Rücksichtnahme, selbst da, wo es ihn persönlich nicht betraf. Voller Zorn schrieb er auf ein Dekret der Universal-Staatsschulden-Kassa von 1815, das seinen verstorbenen Bruder Carl der »strafbaren Unlust« im Dienst beschuldigte, diesen Vermerk: »Dies Elende Kameralprodukt brachte meinem Bruder den Tod, da er wirkl. so krank war, daß er, ohne seinen Tod zu beschleunigen, nicht sein Amt versehn konnte; – schönes Denkmal dieser rohen Ober-Beamten.« Sein Zorn war nicht ganz gerechtfertigt, da man seinem Bruder eine Versetzung in Aussicht gestellt hatte. Aber diesen Teil des Dekrets hatte Beethoven anscheinend nicht gelesen.

Auch solche Realitäten, kleine Schikanen des Alltags, gehören in den Bereich seiner Briefe, von denen sich um so mehr die an Goethe, Zelter, an Bettina Brentano, Matthisson, Rellstab, E. T. A. Hoffmann und vor allem an die Freunde und – ohne Hintergedanken gesagt – Freundinnen begütigend abheben.

Wenn nun eine Auswahl-Ausgabe vorgelegt wird, dann geschieht es mit dem Ziel, nicht wahllos Brief an Brief zu reihen, sondern in dem Bemühen, die Lebensgeschichte Beethovens an jenen beispielhaft erscheinenden Briefen darzustellen, in denen die sein Leben bestimmenden Ereignisse besonders deutlich werden: die Beziehungen zu den Freunden, seine Krankheitsgeschichte und seine Auseinandersetzung mit den Widerwärtigkeiten, die ihm Zeit und unmittelbare Umwelt bereiteten. Der Herausgeber hofft, daß es ihm gelungen ist, in der Zusammenstellung der Briefe diese drei ineinandergreifenden Kreise erkennbar zu machen. Zur Erklärung der Voraussetzungen und Zusammenhänge war es notwendig, bei aller gebotenen Konzentration die Anmerkungen relativ ausführlich zu halten. Der Orientierung auf das Biographische und Zeitliche dient die Zeittafel, die in Stichworten den Lebenslauf Beethovens (mit kurzen Hinweisen auf sein Schaffen) andeuten soll.

Hinsichtlich der Textwiedergabe endlich sei vermerkt, daß nach Möglichkeit die originale Schreibweise Beethovens beibehalten worden ist. Da aber etliche Briefe Beethovens aus zweiter Hand überliefert sind (z. B. durch Wegeler-Ries), ist die dort verwendete Schreibweise übernommen worden.

München, im Frühjahr 1973 *Erich Valentin*

An Josef von Schaden

Den 15ten herbstmonat[1] bonn 1787

hochedelgebohrner
insonders werther freund![2]

was sie von mir denken, kann ich leicht schließen; daß sie gegründete ursachen haben, nicht vortheilhaft von mir zu denken, kann ich ihnen nicht widersprechen; doch ich will mich nicht eher entschuldigen, bis ich die ursachen angezeigt habe[,] wodurch ich hoffen darf, daß meine entschuldigungen angenommen werden. ich muß ihnen bekennen: daß, seitdem ich von augspurg hinweg[3] bin, meine freude und mit ihr meine gesundheit begann aufzuhören; je näher ich meiner vaterstadt kam, je mehr briefe erhielte ich von meinem vater, geschwinder zu reisen als gewöhnlich, da meine mutter nicht in günstigen gesundheitsumständen wär. ich eilte also, so sehr ich vermochte, da ich doch selbst unpäßlich wurde: das verlangen meine kranke mutter noch einmal sehen zu können, sezte alle hinderniße bej mir hinweg, und half mir die gröste beschwerniße überwinden. ich traf meine mutter noch an, aber in den elendesten gesundheitsumständen; sie hatte die schwindsucht und starb endlich ungefähr vor sieben wochen, nach vielen überstandenen schmertzen und leiden[4]. sie war mir eine so gute liebenswürdige mutter, meine beste freundin; o! wer war glücklicher als ich, da ich noch den süßen namen mutter aussprechen konnte, und er wurde gehört, und wem kann ich ihn jetzt sagen? den stummen ihr ähnlichen bildern, die mir meine einbildungskraft zusammensetzt? so lange ich hier bin, habe ich noch wenige vergnügte stunden genoßen; die ganze zeit hindurch bin ich mit der engbrüstigkeit behaftet gewesen, und ich muß fürchten, daß gar eine schwindsucht daraus entstehet; dazu kömmt noch melankolie, welche für mich ein fast eben so großes übel als meine krankheit selbst ist. denken sie sich jetzt in meine lage, und ich hoffe vergebung, für mein langes stillschweigen, von ihnen zu erhalten. die außerordentliche güte und freundschaft, die sie hatten mir in augspurg drej Krlin zu leihen, muß ich sie bitten noch einige nachsicht mit mir zu haben; meine reise hat mich viel gekostet, und ich habe hier keinen ersatz auch den geringsten zu hoffen; das schiksaal hier in bonn ist mir nicht günstig.

sie werden verzeihen, daß ich sie so lange mit meinem geplauder aufgehalten, alles war nöthig zu meiner entschuldigung. ich bitte sie mir ihre vererun[g]swürdige freundschaft weiter nicht zu versagen, der ich nichts so sehr wünsche, als mich ihrer freundschaft nur in etwas würdig zu machen.

ich bin mit aller hochachtung
ihr gehorsamster diener und freund

l. v. beethowen.[5]
kurf.-kölnischer hoforganist

Monsieur
Monsieur de Schaden
conseilièr d'augspurg
à
augspurg.

An Eleonore von Breuning

Wien den 2ten November [17]93

Verehrungswürdige Eleonore![6]
meine theuerste Freundinn!

Erst nach dem ich nun hier in der Hauptstadt bald ein ganzes Jahr verlebt habe, erhalten sie von mir einen Brief, und doch waren sie gewiß in einem immerwährenden lebhaften Andenken bey mir. sehr oft unterhielt ich mich mit ihnen und ihrer lieben Familie, nur öfters mit der Ruhe nicht, die ich dabey gewünscht hätte. Da war's, wo mir der fatale Zwist noch vorschwebte, wobei mir mein damaliges Betragen so verabscheuungswerth vorkam; aber es war geschehen; o wieviel gäbe ich dafür, wäre ich im Stande[,] meine damalige[,] mich so sehr entehrende, sonst meinem Charakter zuwider laufende Art zu handeln ganz aus meinem Leben tilgen zu können. freylich waren mancherley Umstände, die unß immer von einander entfernten, und wie ich vermuthe, war das Zuflüstern von den wechselweise gegen einander gehaltenen Reden von einem gegen den anderen Hauptsächlich dasjenige, was alle übereinstimmung verhinderte. jeder von unß glaubte hier, er spreche mit wahrer überzeugung, und doch war es nur angefachter Zorn, und wir waren beyde getäuscht; ihr guter und edler charakter[,] meine liebe Freundin[,] bürgt mir zwar dafür, daß sie mir längst vergeben haben, aber man sagt, die aufrichtigste reue sey diese, wo man sein Verbrechen selbst gestehet, dieses habe ich gewollt. – und lassen sie unß nun den Vorhang vor diese ganze Geschichte ziehen und nur noch die Lehre davon nehmen, daß, wenn Freunde in streit gerathen, es immer besser sey, keinen Vermitteler dazu zu brauchen, sondern der Freund sich an den Freund unmittelbar wende.

sie erhalten hier eine dedication von mir an sie, wobey ich nur wünschte, das Werk sei größer und ihrer würdiger. man plagte mich hier um die herausgabe dieses Werkchens, und ich benutzte diese Gelegenheit, um ihnen, meine Verehrungwürdige E., einen Beweiß meiner Hochachtung und Freundschaft gegen sie und eines immerwährenden Andenkens an ihr Hauß zu geben. nehmen sie diese Kleinigkeit hin, und denken sie dabey, sie kömmt von einem sie sehr verehrenden Freunde, o wenn sie ihnen nur Vergnügen macht, so sind meine Wünsche ganz befriedigt. es sey eine kleine wieder Erweckung jener Zeit, wo ich so viele und so seelige Stunden in ihrem Hause zubrachte; vielleicht erhält es mich im Andenken bey ihnen, bis ich einst wiederkomme, was nun freylich sobald nicht seyn wird, o wie wollen wir unß dann[,] meine L. Freundin, freuen, sie werden dann einen fröhlichern Menschen an ihrem Freunde finden, dem die Zeit und sein besseres Schicksal die Furchen seines vorhergegangenen widerwärtigen ausgeglichen hat.

sollten Sie die B. Koch[7] sehen, so bitte ich sie ihr zu sagen, daß es nicht schön sey von ihr[,] mir gar nicht einmal zu schreiben. Ich habe doch 2 mal geschrieben, an Malchus[8] schrieb ich 3 mal und – keine Antwort, sagen sie ihr, daß, wenn sie nicht wolle schreiben, sie wenigstens Malchus dazu antreiben solle. Zum Schlusse meines Briefs wage ich noch eine Bitte: sie ist, daß ich wieder gern so glücklich seyn mögte, eine von Haasen-Haaren gestrickte Weste von ihrer Hand[,] meine liebe Freundin[,] zu besitzen, verzeihen sie die unbescheidene Bitte ihrem Freunde, sie entsteht aus großer Vorliebe für alles, was von ihren Händen ist, und heimlich kann ich ihnen wohl sagen, eine kleine Eitelkeit liegt mit dabey zum Grunde, nemlich: um sagen zu können, daß ich etwas von einem der besten, verehrungswürdigsten Mädchen in Bonn besitze. ich habe zwar noch die Erste, womit sie so gütig waren[,] in Bonn mich damit zu beschenken, aber sie ist durch die Mode so unmodisch geworden, daß ich sie nur als etwas von ihnen mir sehr theures im Kleider Schrank aufbewahren kann.

Vieles Vergnügen würden sie mir machen, wenn sie mich bald mit einem lieben Briefe erfreuten, sollten ihnen meine Briefe vergnügen verursachen, so verspreche ich ihnen gewiß[,] so viel mir möglich ist[,] hierin willig zu seyn, so wie mir alles willkommen ist, wobey ich ihnen zeigen kann, wie sehr ich bin

ihr sie
verehrender wahrer Freund
L. v. Beethowen.[9]

An Eleonore von Breuning[10]

äußerst überraschend war mir die schöne Halsbinde von ihrer Hand gearbeitet, sie erweckte in mir Gefühle der Wehmut, so angenehm mir auch die Sache selbst war; Vergangenheit voriger Zeiten war ihre Wirkung, auch beschämung auf meiner Seite durch ihr großmüthiges Betragen gegen mich. wahrlich, ich dachte nicht, daß sie mich noch ihres Andenkens würdig hielten. o hätten sie Zeuge meiner gestrigen Empfindungen bey diesem Vorfall seyn können, so würden sie es gewiß nicht übertrieben finden, was ich ihnen vie[l]leicht hier sage, daß mich ihr Andenken weinend und sehr traurig machte. – ich bitte sie, so wenig ich auch in ihren augen Glauben verdienen mag, glauben sie mir meine Freundin (lassen sie mich ihnen noch immer so nennen) daß ich sehr gelitten habe und noch leide durch den Verlust Ihrer Freundschaft. Sie und ihre theure Mutter werde ich nie vergeßen, sie waren so gütig gegen mich, daß mir ihr Verlust sobald nicht ersetzt werden kann und wird, ich weiß, was ich verlohr, und was sie mir waren, aber – ich müßte in Scenen zurückkehren, sollte ich diese Lücke ausfüllen, die ihnen unangenehm zu hören und mir ihnen sie darzustellen sind.

Zu einer kleinen Wiedervergeltung für ihr gütiges Andenken an mich, bin ich so frey, ihnen hier diese Variationen[11] und das Rondo[11] mit einer Violin zu schicken. ich habe sehr viel zu thuen, sonst würde ich ihnen die schon längst versprochene Sonate[11] abgeschrieben haben, in meinem Manuscript ist sie fast nur Skizze, und das würde dem sonst so geschickten paraquin[12] selbst schwer geworden seyn sie abzuschreiben. sie können das Rondo abschreiben lassen, und mir dann die partitur zurückschicken. es ist das einzige, was ich ihnen hier schicke, was von meinen Sachen ohngefähr für sie brauchbar war, und da sie jetzt ohnedem nach Kerpen[13] reisen, dachte ich, es könnten diese Kleinigkeiten ihnen vie[l]leicht einiges Vergnügen machen.

leben sie wohl meine Freundin, es ist mir unmöglich sie anders zu nennen, so gleichgültig ich ihnen auch seyn mag, so glauben sie doch, daß ich ihnen und ihre Mutter noch eben so verehre wie sonst bin ich im Stande sonst etwas zu ihrem Vergnügen beytragen zu können, so bitte ich sie, mich doch nicht vorbeyzugehen, es ist noch dies einzig übrigbleibendes Mittel, ihnen meine Dankbarkeit für ihre genossene Freundschaft zu bezeigen, reisen sie glücklich, und bringen sie ihre theure Mutter wieder völlig gesund zurück. Denken Sie zuweilen

an ihren sie noch immer verehrenden
wahren Freund
Beethowen.[14]

P.S.[15] Die V.[16] werden etwas schwer zum spielen seyn, besonders die Triller in der *Coda,* das darf sie aber nicht abschrecken, es ist so veranstaltet, daß sie nichts als den Triller zu machen brauchen, die übrige[n] Noten lassen sie aus, weil sie in der Violin Stimme auch vorkommen. nie würde ich so etwas gesetzt haben, aber ich hatte schon öfter bemerkt, daß hier und da einer in W. war, welcher meistens, wenn ich des Abends fantasirt hatte, des andern Tages viele von meinen Eigenheiten aufschrieb, und sich damit brüstete; weil ich nun voraussahe, daß bald solche

Sachen erscheinen würden, so nahm ich mir vor[,] ihnen zu vor zu kommen. eine andere Ursache war noch dabey, nemlich: die hiesigen Klawiermeister in Verlegenheit zu setzen: manche davon sind meine Tod Feinde, und so wollte ich mich auf diese Art an ihnen rächen, weil ich voraus wußte, daß man ihnen die V. hier und da vorlegen würde, wo die Herren sich dann übel dabey produziren würden.

Beethowen.[17]

An Nicolaus Simrock

Wien den 2ten August [1794]

Lieber Simrock![18]

Ich verdiente ein bischen von ihnen ausgezankt zu werden, weil ich Ihnen so lange ihre V.[19] zuruckgehalten habe, aber ich lüge wahrlich nicht, wenn ich ihnen sage, daß ich verhindert war, durch überhäufte Geschäfte selbe so bald zu corrigiren. Was daran fehlt, werden sie selbst finden; übrigens muß ich ihnen Glück wünschen in Ansehung ihres Stichs, der schön, deutlich und lesbar ist, wahrhaftig, wenn sie so fortfahren, so werden Sie noch das Oberhaupt im Stechen werden, versteht sich – im Notenstechen.

ich versprach ihnen im vorigen Briefe etwas von mir zu schicken, und Sie legten das als *Cavalier*[-]Sprache aus, woher hab ich dann dieses *praedicat* verdient? – pfui, wer würde in unsern demokratischen Zeiten noch so eine Sprache annehmen; um mich ihres gegebenen *praedicats* verlustig zu machen, sollen sie, sobald ich die große *Revue* an meinen *Compositionen* vorgenommen habe, was jetzt bald geschie[h]t, etwas haben, was sie gewiß stechen werden. –

Wegen einem *Commissionaire* habe ich mich auch umgesehen, und einen recht braven tüchtigen Mann dazu gefunden. Sein Name ist *Traeg*[20], sie haben jetzt nichts zu thuen, als an ihn oder mich zu schreiben, was für Bedingungen sie eingehen wollen. er verlangt von ihnen das Drittel *rabate*. Der Teufel verstehe sich auf eine Handeley. – Hier ist es sehr heiß; die Wiener sind bange, sie werden bald kein *gefrorenes* mehr haben können, da der Winter so wenig kalt war, so ist das Eiß rar. Hier hat man verschiedene Leute *von Bedeutung* eingezogen, man sagt es hätte eine *Revolution* ausbrechen sollen – aber ich glaube, so lange der österreicher noch Brauns *Bier* und *Würstel* hat, revoltirt er nicht. Es heißt die Thöre zu den vorstädten sollen nachts um 10 Uhr gesperrt werden. Die Soldaten haben scharf geladen. man darf nicht zu laut sprechen hier, sonst giebt die Polizey einem quartier.

Sind ihre Töchter schon groß, erziehen sie mir eine zur Braut, denn wenn ich ungeheirathet in bonn[21] bin bleibe ich gewiß nicht lange da; – sie müssen doch auch jetzt in Angst leben! Was macht der gute *Ries*[22], ich will ihm nächstens schreiben, er kann nicht anders als unvorteilhaft denken von mir, aber das verfluchte schreiben, daß ich mich darin nicht ändern kann. – *Haben Sie schon meine Partie*[23] aufgeführt. Schreiben Sie mir zuweilen.

ihr Beethoven.

Wenn Sie mir doch auch von
den ersten *Variationen*[24]
einige Ex. schickten.

An Franz Gerhard Wegeler[25]

Liebster, bester! in was für einem abscheulichen Bilde hast du mich mir selbst dargestellt! o ich erkenne es, ich verdiene deine Freundschaft nicht, du bist so edel, so gutdenkend, und das ist das erstemal, daß ich mich nicht neben dir stellen darf, weit unter dir bin ich gefallen, ach ich habe meinem Besten edelsten Freund Wochen lang Verdruß gemacht, du glaubst, ich habe an der Güte meines Herzens verlohren, dem Himmel sei dank: nein, – es war keine absichtliche, ausgedachte Boßheit von mir, die mich so gegen dich handeln ließ, es war mein unverzeihlicher leichtsin[n], der mich nicht die Sache in dem Lichte sehen ließ, wie sie wirklich war. – o wie schäme ich mich für dir, wie für mir selbst – fast traue ich mich nicht mehr, dich um deine Freundschaft wieder zu bitten – Ach Wegeler nur mein einziger Trost ist, daß du mich fast seit meine Kindheit kanntest, und doch o laß michs selbst sagen, ich war doch immer gut, und bestrebte mich immer der Rechtschaffenheit und Biederkeit in meinen Handlungen; wie hättest du mich sonst lieben können? – sollte ich den[n] jetzt seit der Kurzen Zeit aufeinmal mich so schrecklich, so sehr zu meinem Nachteil geändert haben – unmöglich, diese Gefühle des Großen, des Guten sollten alle aufeinmal in mir erloschen seyn? Mein Wegeler lieber, bester, o wag es noch einmal, dich wieder ganz in die Arme Deines B. zu werfen[.] baue auf die guten Eigenschaften, die du sonst in ihm gefunden hast, ich stehe dir dafür, den reinen Tempel der heiligen Freundschaft, den du darauf aufrichten wirst, er wird fest, ewig stehen, kein Zufall, kein Sturm wird ihn in seinen Grundfesten erschüttern können – fest, – Ewig – unsere Freundschaft. Verzeihung – Vergeßenheit – wieder aufleben der sterbenden sinkenden Freundschaft – o Wegeler verstoße sie nicht diese Hand zur aussöhnung, gib die deinige in die meine – ach Gott – doch nichts mehr – ich selbst komm[e] zu dir, und werfe mich in deine Arme, und bitte um den verlohrenen Freund, und du giebst dich mir, dem reuevollen, dich liebenden, dich nie vergeßenden

Beethoven
wieder.

jetzt eben habe ich
deinen Brief erhalten,
weil ich erst nach hause gekommen bin –

An Franz Gerhard Wegeler

Wien, den 29. Juni [1800].

Mein guter, lieber Wegeler, wie sehr danke ich dir für dein Andenken an mich; ich habe es so wenig verdient und um dich zu verdienen gesucht, und doch bist du so sehr gut, und läßt dich durch nichts, selbst durch meine unverzeihliche Nachlässigkeit nicht abhalten, bleibst immer der treue, gute, biedere Freund. – daß ich dich und überhaupt euch[.] die ihr mir einst alle so lieb und theuer wart, vergessen könnte, nein, das glaub nicht, es giebt Augenblicke, wo ich mich selbst nach euch sehne, ja bey euch einige Zeit zu verweilen; – mein Vaterland, die schöne gegend, in der ich das licht der welt erblickte, ist mir noch immer so schön und deutlich vor meinen Augen, als da ich euch verließ, kurz ich werde diese Zeit als eine der glücklichsten Begebenheiten meines lebens betrachten, wo ich euch wiedersehen, und unsern Vater Rhein begrüßen kann. – wann das seyn wird, das kann ich dir noch nicht bestimmen. – so viel will ich euch sagen, daß ihr mich nur recht groß wiedersehen werdet, nicht als Künstler sollt ihr mich größer, sondern auch als Mensch sollt ihr mich besser, vollkommener finden, und ist dann der Wohlstand etwas besser in unserm Vaterlande, dann soll meine Kunst sich nur zum Besten der Armen zeigen, o glückseeliger Augenblick, wie glücklich halte ich mich, daß ich dich herbeyschaffen, dich selbst schaffen kann. – Von meiner Lage willst du was wissen, nun, sie wäre eben so schlecht nicht, seit vorigem Jahr hat mir *Lichnowski*[26], der, so unglaublich es dir auch ist, wenn ich dir sage, immer mein wärmster Freund war und geblieben ist, (kleine mißhelligkeiten gab es ja auch unter unß), (und haben nicht eben diese unsere Freundschaft mehr befestigt? –) eine sichere Summe von 600 fl. ausgeworfen, die ich, so lange ich keine für mich passende Anstellung finde, ziehen kann, meine Compositionen tragen mir viel ein, und ich kann sagen, daß ich mehr Bestellungen habe, als es fast möglich ist, daß ich machen kann. auch habe ich auf jede Sache 6, 7 Verleger, und noch mehr, wenn ich mir's angelegen seyn lassen will, man accordiert nicht mehr mit mir, ich fordere und man zahlt, du siehst, daß es eine hübsche Lage ist, z. B. ich sehe einen Freund in Noth und mein Beutel leidet eben nicht, ihm gleich zu helfen, so darf ich mich nur hinsetzen und in kurzer Zeit ist ihm geholfen. – auch bin ich ökonomischer als sonst, sollte ich immer hier bleiben, so bringe ichs auch sicher dahin[,] daß ich jährlich immer eine[n] Tag zur Academie erhalte, deren ich einige gegeben. nur hat der neidische Dämon, meine schlimme Gesundheit, mir einen schlechten Stein ins Brett geworfen, nemlich: mein Gehör ist seit 3 Jahren immer schwächer geworden und das soll sich durch meinen *Unterleib,* der schon damals wie du weißt elend war, hier aber sich verschlimmert hat, indem ich beständig mit einem Durchfall behaftet war, und mit einer dadurch außerordentlichen schwäche, ereignet haben. Frank[27] wollte meinem Leibe den *Ton*[28] wieder geben durch stärkende Medizinen, und meinem Gehör durch Mandelöhl, aber *prosit,* daraus ward nichts, mein Gehör ward immer schlechter, und mein Unterleib blieb immer in seiner vorigen Verfassung; das dauerte bis voriges Jahr [im] Herbst, wo ich manchmal in Verzweiflung war, da rieth mir ein Medizinischer *asinus* das kalte Bad für meinen Zustand, ein gescheiderer das gewöhnliche Lauwarme DonauBad, das that wunder, mein Bauch ward besser[,] mein Gehör blieb oder ward noch schlechter, diesen Winter ging's mir wirklich elend, da hatte ich wirklich schreckliche Koliken, und ich sank wieder ganz in meinen vorigen Zustand zurück und so blieb's bis vor ungefähr

4 Wochen, wo ich zu *Vering*[29] ging[,] indem ich dachte, daß dieser Zustand zugleich auch einen Wundarzt erfodere, und ohnedem hatte ich immer Vertrauen zu ihm, ihm gelang es nun fast gänzlich[,] diesen heftigen Durchfall zu hemmen, er verordnete mir das laue Donaubad, wo ich jedes Mahl noch ein fläschgen stärkende sachen hineingießen mußte, gab mir gar keine Medizin, bis vor ongefähr 4 Tagen Pillen für den Magen und einen Thee für's Ohr und darauf kann ich sagen befand ich mich stärker und besser, nur meine ohren, die sausen und brausen Tag und Nacht fort, ich kann sagen, ich bringe mein Leben elend zu, seit 2 Jahren fast meide ich alle gesellschaften, weils mir nun nicht möglich ist, den Leuten zu sagen, ich bin Taub, hätte ich irgend ein anderes Fach, so giengs noch eher, aber in meinem Fach ist das ein schrecklicher zustand, dabey meine Feinde, deren Anzahl nicht geringe ist, was würden diese hiezu sagen – um dir einen Begriff von dieser wunderbaren Taubheit zu geben, so sage ich dir, daß ich mich im Theater ganz dicht am orchester anlehnen muß, um den Schauspieler zu verstehen, die hohen Töne von Instrumenten singstimme, wenn ich etwas weit weg bin höre ich nicht, im sprechen ist es zu verwundern, daß es Leute giebt, die es niemals merkten, da ich meistens Zerstreuungen hatte, so hält man es dafür, manchmal, auch hör ich den redenden[,] der leise spricht[,] kaum, ja die Töne wohl, aber die worte nicht, und doch sobald jemand schreit, ist es mir unausstehlich. Was nun werden wird, das weiß der liebe Himmel, *Vering sagt, daß es gewiß besser werden wird[,] wenn auch nicht ganz* – ich habe schon oft – – mein dasein verflucht, *Plutarch*[30] hat

mich zu der *Resignation* geführt, ich will, wenns anders möglich ist, meinem schicksaal trotzen, obschon es Augenblicke meines Lebens geben wird, wo ich das unglücklichste Geschöpf Gottes seyn werde. – ich bitte dich[,] von diesem meinem Zustande niemanden, auch nicht einmal der Lorchen etwas zu sagen, nur als geheimniß vertrau' ich dirs an, lieb wäre mir's[,] wenn Du einmal mit Vering darüber brief wechseltest, sollte mein Zustand fortdauern, so komme ich künftiges Frühjahr zu dir, du mietest mir irgendwo in einer schönen Gegend ein Hauß auf dem Lande, und dann will ich ein halbes Jahr ein Bauer werden, vielleicht wird's dadurch geändert, *resignation*! welches elende Zufluchtsmittel, und mir bleibt es doch das einzig übrige. –

Du verzeihst mir doch, daß ich dir in deiner ohnedem trüben Lage noch auch diese Freundschaftliche Sorge aufbinde. – Steffen Breuning ist nun hier und wir sind fast täglich zusammen, es thut mir so wohl, die alten Gefühle wieder hervorzurufen, er ist wirklich ein guter Herrlicher Junge geworden, der was weiß, und das Herz, wie wir alle mehr oder weniger, auf dem rechten Flecke hat, ich habe eine sehr schöne Wohnung jetzt, welche auf die Bestey geht, und für meine gesundheit einen doppelten Wert hat, ich glaube wohl, daß ich es werde möglich machen können, daß B. zu mir komme. – deinen Antiochum[31] sollst du haben, und auch noch recht viele Musikalien von mir, wenn du anders nicht glaubst, daß es dich zu viel kostet, aufrichtig, deine Kunstliebe freut mich doch noch sehr, schreibe mir nur, wie es zu machen ist, so will ich dir alle meine Werke schicken, das nun freylich eine hübsche Anzahl ist, und die sich täglich vermehrt. – statt dem Porträt meines Großvaters, welches ich dich bitte, mir sobald als möglich mit dem Postwagen zu schicken, schicke ich Dir das *seines Enkels,* deines dir immer guten und herzlichen Beethoven's, welcher hier bey Artaria, die mich hier darum oft ersuchten, so wie viele andere auch Kunsthandlungen, herauskommt. – Stoffel[32] will ich nächstens schreiben und ihm ein wenig den *Text* lesen über seine störrische laune, ich will ihm die alte Freundschaft recht ins Ohr schreien, er soll mir heilig versprechen euch in euren ohnedem trüben Umständen nicht noch mehr zu kränken – auch der guten Lorchen will ich schreiben, nie habe ich einen unter euch lieben guten vergessen, wenn ich auch gar nichts von mir hören ließ, aber schreiben daß weißt du, war nie meine sache, auch die besten Freunde haben jahre lang keine Briefe von mir erhalten, ich lebe nur in meinen Noten, und ist das eine kaum da[,] so ist das andere schon angefangen, so wie ich jetzt schreibe, mache ich oft 3, 4 sachen zugleich. – schreibe mir jetzt öfter; ich will schon sorge tragen, daß ich Zeit finde, dir zuweilen zu schreiben. grüße mir alle, auch die gute Frau Hofräthinn, und sag' ihr »daß ich noch zuweilen einen *raptus* han«. Was Kochs angeht, so wundere ich mich garnicht über deren Veränderung, das glück ist kugelrund und fällt daher natürlich nicht immer auf das edelste, das beste, – Wegen Ries[33], den mir herzlichst grüße, was seinen sohn anbelangt, will ich dir näher schreiben, obschon ich glaube, daß, um sein Glück zu machen, Paris besser als Wien sey, Wien ist überschüttet mit leuten, und selbst dem Besseren Verdienst fällt es dadurch hart sich zu halten – bis den Herbst oder bis zum Winter werde ich sehen, was ich für ihn thuen kann, weil dann alles wieder in die Stadt eilt – leb wohl[,] guter, treuer Wegeler[,] sey versichert von der liebe und Freundschaft

deines
Beethoven.

An Friedrich von Matthisson[34]

Wien 1800 am 4ten August.

Verehrungswürdigster!

sie erhalten hier eine Komposition von mir, welche bereits schon einige Jahre im stich heraus ist und von welcher sie vieleicht zu meiner Schande noch gar nichts wissen. mich entschuldigen, und sagen, warum ich ihnen etwas widmete, was so warm von meinem Herzen kam und Ihnen gar nichts davon bekannt machte, das kann ich nicht, vieleicht dadurch, daß ich anfänglich ihren Aufenthalt nicht wußte, zum Theil auch wieder meine schüchternheit, daß ich glaubte, mich übereilt zu haben, ihnen etwas gewidmet zu haben, wovon ich nicht wußte, ob es ihren Bejfall hätte. Zwar auch jetzt schicke ich ihnen die *Adelaide* mit Ängstlichkeit, sie wissen selbst, was einige Jahre bej einem Künstler, der immer weiter geht, für eine Veränderung hervorbringen; je größere Fortschritte in der Kunst man macht, desto weniger befriedigen einen seine ältern Werke. – Mein heißester Wunsch ist befriedigt, wenn ihnen die Musikalische Komposition ihrer Himmlischen

Adelaide nicht ganz mißfällt, und wenn sie dadurch bewogen werden, bald wieder ein ähnliches Gedicht zu schaffen, und fänden sie meine Bitte nicht unbescheiden, es mir sogleich zu schicken, und ich will dann alle meine Kräfte aufbieten, ihrer schönen Poesie nahe zu kommen. – Die Dedikation betrachten sie[35] theils als ein Zeichen des Vergnügens, welches mir die Komposition Ihrer A. gewährte, theils als ein Zeichen meiner Dankbarkeit und Hochachtung für das Seelige Vergnügen, was mir ihre Poesie überhaupt immer machte und *noch machen wird.*

erinnern sie sich bej Durchspielung der A. zuweilen
ihres sie wahrhaft verehrenden
Beethoven

An Carl Amenda

Wien, den 1. Juni[36]

Mein lieber, mein guter Amenda[37], mein herzlicher Freund, mit inniger Rührung, mit gemischtem Schmerz und Vergnügen habe ich Deinen letzten Brief erhalten und gelesen. Womit soll ich Deine Treue, Deine Anhänglichkeit an mich vergleichen! o, das ist recht schön, daß Du mir immer so gut geblieben, ja ich weiß Dich auch mir von Allen bewährt und herauszuheben, Du bist kein Wiener Freund, nein, Du bist einer von denen, wie sie mein vaterländischer Boden hervorzubringen pflegt; wie oft wünsche ich Dich bei mir, denn dein Beethoven lebt sehr unglücklich; wisse, daß mir der edelste Theil, mein Gehör, sehr abgenommen hat, schon damals als Du noch bei mir warst, fühlte ich davon Spuren, und ich verschwieg's, nun ist es immer ärger geworden, ob es wird wieder können geheilt werden, das steht noch zu erwarten, es soll von den Umständen meines Unterleibes herrühren; was nun den betrifft, so bin ich fast ganz hergestellt, ob nun auch das Gehör besser werden wird, das hoffe ich zwar, aber schwerlich, solche Krankheiten sind die unheilbarsten. Wie traurig ich nun leben muß, alles, was mir lieb und theuer ist, meiden; und dann unter so elenden, egoistischen Menschen wie... usw.[38] – ich kann sagen unter allen ist mir Lichnowski der erprobteste; er hat mir seit vorigem Jahre 600 fl. ausgeworfen; das und der gute Abgang meiner Werke setzt mich in den Stand, ohne Nahrungssorgen zu leben; alles was ich jetzt schreibe, kann ich gleich 5 mal verkaufen und auch gut bezahlt haben, – ich habe ziemlich viel die Zeit geschrieben, da ich höre daß Du bei ... Claviere bestellt hast, so [kann] ich Dir manches schicken in dem Verschlag so eines Instruments, wo es Dich nicht so viel kostet.

Jetzt ist zu meinem Trost wieder ein Mensch hergekommen, mit dem ich das Vergnügen des Umgangs und der uneigennützigen Freundschaft theilen kann, er ist einer meiner Jugendfreunde[39], ich habe ihm schon oft von Dir gesprochen und ihm gesagt, daß, seit ich mein Vaterland verlassen, Du einer derjenigen bist, die mein Herz ausgewählt hat; – auch ihm kann der ... nicht gefallen, er ist und bleibt zu schwach zur Freundschaft, ich betrachte ihn und ... als bloße Instrumente, worauf ich, wenn's mir gefällt, spiele; aber nie können sie edle Zeugen meiner innern und äußern Thätigkeit, eben so wenig als wahre Theilnehmer von mir werden, ich taxire sie nur nach dem was sie mir leisten. O wie glücklich wäre ich jetzt, wenn ich mein vollkommenes Gehör hätte, dann eilte ich zu Dir; aber so, von allem muß ich zurückbleiben, meine schönsten Jahre werden dahinfliegen, ohne alles das zu wirken, was mich mein Talent und meine Kraft geheißen hätten. – Traurige Resignation, zu der ich meine Zuflucht nehmen muß, ich habe mir freilich vorgenommen, mich über alles das hinauszusetzen; aber wie wird es möglich sein? Ja, Amenda, wenn nach einem halben Jahre mein Uebel unheilbar wird, dann mache ich Anspruch auf Dich, dann mußt du alles verlassen und zu mir kommen, ich reise dann (bei meinem Spiel und Composition macht mir mein Uebel noch am wenigsten, nur am meisten im Umgang) und Du mußt mein Begleiter sein, ich bin überzeugt mein Glück wird nicht fehlen, womit könnte ich mich jetzt nicht messen, ich habe seit der Zeit Du fort bist, alles geschrieben bis auf Opern und Kirchensachen, ja Du schlägst mirs nicht ab, Du hilfst Deinem Freund seine Sorgen, seine Uebel tragen. Auch mein Clavierspielen habe ich sehr vervollkommnet, und ich hoffe diese Reise soll auch Dein Glück vielleicht noch machen, Du bleibst hernach ewig bei mir. – Ich habe alle Deine Briefe richtig erhalten, so wenig ich Dir auch antwortete, so warst Du doch immer mir gegenwärtig und mein Herz schlägt so zärtlich wie immer für Dich. – Die Sache meines Gehörs bitte ich Dich als ein großes Geheimniß aufzubewahren und Niemand, wer es auch sei, anzuvertrauen. – Schreibe mir recht oft, Deine Briefe, wenn sie auch noch so kurz sind, trösten mich, thun mir wohl und ich erwarte bald wieder von Dir mein Lieber, einen Brief. – Dein Quartett[40] gieb ja nicht weiter, weil ich es sehr umgeändert habe, indem ich erst jetzt recht Quartetten zu schreiben weiß, was Du schon sehen wirst, wenn Du sie erhalten wirst. – Jetzt leb wohl! lieber Guter; glaubst Du vielleicht, daß ich Dir hier etwas Angenehmes erzeigen kann, so versteht sich's wohl von selbst, daß Du zuerst davon Nachricht giebst

Deinem treuen Dich wahrhaft liebenden
L. v. Beethoven.

An Franz Gerhard Wegeler

Wien am 16ten November [1801].

Mein guter Wegeler! ich danke dir für den neuen Beweiß deiner sorgfalt um mich, um so mehr, da ich es so wenig um dich verdiene – du willst wissen, wie es mir geht, was ich brauche, so ungern ich mich von dem gegenstande überhaupt unterhalte, so thue ich es doch noch am liebsten mit dir – Vering läßt mich nun schon seit einigen Monaten immer Fisikaturen[41] auf beyde Arme legen, welche aus einer gewissen Rinde, wie du wissen wirst, bestehen; das ist nun eine höchst unangenehme Kur, indem ich immer ein paar Täge des Freyen gebrauchs (ehe die Rinde genug gezogen hat,) meiner Arme beraubt bin, ohne der Schmerzen zu gedenken, es ist nun wahr, ich kann es nicht leugnen, das sausen und brausen ist etwas schwächer als sonst, besonders am Linken Ohre, mit welchem eigentlich meine Gehörkrankheit angefangen hat, aber mein Gehör ist gewiß um nichts noch gebessert, ich wage es nicht zu bestimmen, ob es nicht eher schwächer geworden? – mit meinem unterleib gehts besser, besonders wenn ich einige Täge das lauwarme Bad brauche, befinde ich mich 8 auch 10 Täge ziemlich wohl; sehr selten einmal etwas Stärkendes für dem Magen; mit den *Kräutern auf den Bauch* fange ich jetzt auch nach deinem rath an; – von sturzbädern will V.[42] nichts wissen, überhaupt aber bin ich mit ihm sehr unzufrieden, er hat gar zu wenig sorge und Nachsicht für so eine Krankheit, komme ich nicht einmal zu ihm und das geschie[h]t auch mit viel mühe, so würde ich ihn nie sehen – was hältst du von Schmidt[43], ich wechsle zwar nicht gern, doch scheint mir V. ist zu sehr Praktiker, als daß er sich viel neue Ideen durchs Lesen verschaf[f]te – S. scheint mir hierin ein ganz anderer Mensch zu seyn und würde vielleicht auch nicht gar so nachlässig seyn? – man spricht Wunder vom *Galwanism* was sagst du dazu? – ein Mediziner sagte mir[,] er habe ein Taubstummes Kind sehen sein Gehör wieder erlangen *in Berlin,* und einen Mann[,] der ebenfalls sieben Jahr taub gewesen und sein Gehör wieder erlangt habe – ich höre eben *Dein Schmidt* macht hiermit Versuche. – etwas angenehmer lebe ich jetzt wieder, indem ich mich mehr unter Menschen gemacht, Du kannst es kaum glauben, wie öde, wie traurig ich mein Leben seit 2 Jahren zugebracht, wie ein Gespenst ist mir mein schwaches Gehör überall erschienen, und ich flohe die – Menschen, mußte Misanthrop scheinen, und bin's doch so wenig, diese Veränderung hat ein liebes zauberisches Mädchen[44] hervorgebracht, die mich liebt, und die ich liebe es sind seit 2 Jahren wieder einige seelige Augenblicke, und es ist das erstemal, daß ich fühle, daß – Heirathen glücklich machen könnte, leider ist sie nicht von meinem stande – und jetzt – könnte ich nun freilich nicht heirathen – ich muß mich nun noch wacker herum tummeln, wäre mein Gehör nicht, ich wäre nun schon lange die halbe Welt durchgereißt, und das muß ich – für mich gibt's kein größeres Vergnügen als meine Kunst zu treiben und zu zeigen – glaub nicht[,] daß ich bey euch glücklich sein würde, was sollte mich auch glücklicher machen, selbst eure sorgfalt würde mir wehe thun, ich würde jeden Augenblick das Mitleiden auf euren Gesichtern lesen, und würde mich nur noch unglücklicher finden – jene schöne[n] vaterländische[n] Gegenden, was war mir in ihnen beschieden, nichts, als die hoffnung auf einen bessern Zustand, er wäre mir nun geworden – ohne dieses übel, o die Welt wollte ich umspannen von diesem frey, meine jugend – ja ich fühle es, sie fängt erst jetzt an, war ich nicht immer ein siecher Mensch, meine körperliche Kraft – sie nimmt seit einiger Zeit mehr als jemals zu, und so meine Geisteskräfte, jeden Tag gelange ich mehr zu dem Ziel, was ich fühle, aber nicht beschreiben kann, nur hierin kann Dein B. leben, nichts von Ruhe – ich weiß von keiner andern als dem schlaf, und wehe genug thut mirs, daß ich ihm jetzt mehr schenken muß als sonst, nur halbe befreiung von meinem übel, und dann – als vollendeter, reifer Mann komme ich zu euch, erneure die alten Freundschaftsgefühle, so glücklich[,] als es mir hienieden beschieden ist, sollt ihr mich sehen, nicht unglücklich – nein, das könnte ich nicht ertragen – ich will dem schicksal in den Rachen greifen, ganz niederbeugen soll es mich gewiß nicht, – o es ist so schön das Leben tausendmal leben[,] – für ein stilles – Leben, nein[,] ich fühl's, ich bin nicht mehr dafür gemacht. – du schreibst mir doch so bald, als möglich – sorg[,] daß der *Steffen*[45] sich bestimmt, sich irgendwo im *Deutschen Orden* anstellen zu lassen, das Leben hier ist für seine Gesundheit mit zu viel strapazzen verbunden, noch obendrein führt er ein so isolirtes Leben, daß ich garnicht sehe, wie er so weiter kommen will, du weißt[,] wie das hier ist, ich will nicht einmal sagen, daß Gesellschaft *seine Abspannung* vermindern würde, man kann ihn auch nirgends hinzugehen überreden, ich habe einmal bey mir vor einiger Zeit Musik gehabt, wo ausgesuchte Gesellschaft war, unser Freund – St. – blieb doch aus – empfe[h]le ihm doch mehr Ruhe und gelassenheit, ich habe schon auch alles angewendet, ohne das kann er nie wieder glücklich noch gesund seyn – schreib mir nun im nächsten Briefe, ob's nichts macht, wenns recht viel ist, was ich dir von meiner Musik schicke, du kannst zwar das[,] was du nicht brauchst wieder verkaufen, und so hast du dein Postgeld – mein Portrait[46] auch – alles mögliche schöne und verbindliche an die L.[47] – *auch die Mama* – auch Kristoph – du liebst mich doch ein wenig, sey sowohl von dieser als auch von der Freundschaft überzeugt

Deines Bthven

Für meine Brüder Carl und [Johann] Beethoven[48]

O ihr Menschen die ihr mich für Feindseelig, störrisch oder Misanthropisch haltet oder erklärt, wie unrecht thut ihr mir, ihr wißt nicht die geheime ursache von dem, was euch so scheinet, mein Hertz und mein Sinn waren von Kindheit an für das zarte Gefühl des wohlwollens, selbst große Handlungen zu verrichten datzu war ich immer aufgelegt, aber bedenket nur daß seit 6 jahren ein heilloser Zustand mich befallen, durch unvernünftige ärzte verschlimmert, von jahr zu jahr in der Hofnung gebessert zu werden, betrogen, endlich zu dem Überblick eines *dauernden Übels* (dessen Heilung viel[l]eicht jahre dauern oder gar unmöglich ist) gezwungen, mit einem feurigen Lebhaften Temperamente gebohren selbst empfänglich für die Zerstreuungen der Gesellschaft, muste ich früh mich absondern, einsam mein Leben zubringen, wollte ich auch Zuweilen mich einmal über alles das hinaussetzen, o wie hart wurde ich dur[ch] die verdoppelte traurige Erfahrung meines schlechten Gehörs dann zurückgestoßen, und doch war's mir noch nicht möglich, den Menschen zu sagen: sprecht lauter, schrejt, denn ich bin Taub, ach wie wär's möglich, daß ich die Schwäche *eines Sinnes* angeben sollte, der bej mir in einem vollkommenern Grade als bej andern sejn sollte, einen Sinn[,] den ich einst in der größten Vollkommenheit besaß, in einer Vollkommenheit, wie ihn wenige von meinem Fache gewiß haben noch gehabt haben – o ich kann es nicht, drum verzeiht, wenn ihr mich da zurückweichen sehen werdet, wo ich mich gerne unter euch mischte doppelt wehe thut mir mein unglück, indem ich dabej verkannt werden muß, für mich darf Erholung in Menschlicher Gesellschaft, feinern Unterredungen, wechselseitige Ergießungen nicht statt haben, gantz allein fast und so viel als es die höchste Nothwendigkeit fordert, darf ich mich in Gesellschaft einlassen, wie ein Verbannter muß ich leben, nahe ich mich einer Gesellschaft, so überfällt mich eine heiße Aengstlichkeit, indem ich befürchte, in gefahr gesetzt zu werden meinen Zustand merken zu laßen – so war es denn auch dieses halbe jahr, was ich auf dem Lande zubrachte, von meinem vernünftigen Arzte aufgefordert, so viel als möglich mein Gehör zu schonen, kamm er fast meiner jetzigen natürlichen Disposizion entgegen, obschon, vom Triebe zur Gesellschaft manchmal hingerissen, ich mich dazu verleiten ließ, aber welche Demüthigung, wenn jemand neben mir stand und von weitem eine Flöte hörte und *ich nichts* hörte, oder jemand den *Hirten Singen hörte,* und ich auch nichts hörte solche Ereignisse brachten mich nahe an Verzweiflung, es fehlte wenig, und ich endigte selbst mein Leben – nur sie, *die Kunst,* sie hielt mich zurück, ach es dünkte mir unmöglich, die welt eher zu verlassen, bis ich das alles hervorgebracht, wozu ich mich aufgelegt fühlte, und so fristete ich dieses elende Leben – wahrhaft elend, einen so reizbaren Körper, daß eine etwas schnelle Verändrung mich aus dem Besten Zustande in den schlechtesten versetzen kann – *Geduld* – so heißt es, Sie muß ich nun zur führerin wählen, ich habe es – – – dauernd hoffe ich, soll mein Entschluß sejn, auszuharren, bis es den unerbittlichen Parzen gefällt, den Faden zu brechen, viel[l]eicht gehts besser, viel[l]eicht nicht, ich bin gefaßt – schon in meinem 28 jahre[49] gezwungen Philoßoph zu werden, es ist nicht leicht, für den Künstler schwerer als für irgend jemand – Gottheit du siehst herab auf mein inneres, du kennst es, du weist, daß menschenliebe und neigung zum wohltun drin Hausen, o Menschen, wenn ihr einst dieses leset, so denkt, daß ihr mir unrecht gethan, und der unglückliche, er tröste sich, einen seines gleichen zu finden, der trotz allen Hindernissen der Natur doch noch alles gethan, was in seinem Vermögen stand, um in die Reihe würdiger Künstler und Menschen aufgenommen zu werden – ihr meine Brüder *Carl* und *[Johann],* sobald ich tod bin und professor schmid lebt noch, so bittet ihn in meinem Namen, daß er meine Krankheit beschreibe, und dieses hier geschriebene Blatt füget ihr dieser meiner Krankheitsgeschichte bej, damit wenigstens so viel als möglich die welt nach meinem Tode mit mir versöhnt werde – Zugleich erkläre ich euch bejde hier für die Erben des kleinen Vermögens (wenn man es so nennen kann) von mir. Theilt es redlich, und vertragt und helft euch einander, was ihr mir Zuwider gethan, das wist ihr, war euch schon längst verziehen, dir Bruder *Carl,* danke ich noch insbesondere für deine in dieser letztern spätern Zeit mir bewiesene Anhänglichkeit, Mein Wunsch ist, daß euch ein besseres sorgenloseres Leben, als mir, werde, emphelt euren Kindern *Tugend,* sie nur allein kann glücklich machen, nicht Geld, ich spreche aus Erfahrung, sie war es, die mich selbst im Elende gehoben, ihr danke ich, nebst meiner Kunst, daß ich durch keinen selbstmord mein Leben endigte, – lebt wohl und liebt euch, – allen Freunden danke ich, besonders *fürst Lichnowski*[50] und *Professor Schmidt*[51] – die Instrumente von fürst L. wünsche ich, daß sie doch

mögen aufbewahrt werden bej einem von euch, doch entstehe deswegen kein streit unter euch, sobald sie euch aber zu was nützlicherm dienen können, so verkauft sie nur, wie froh bin ich, wenn ich auch noch unter meinem Grabe euch nützen kann – so wär's geschehen – mit freuden eil ich dem Tode entgegen – kömmt er früher als ich Gelegenheit gehabt habe, noch alle meine Kunst-Fähigkeiten zu entfalten, so wird er mir trotz meinem Harten Schicksaal doch noch zu frühe kommen, und ich würde ihn wohl später wünschen – doch auch dann bin ich zufrieden, befrejt er mich nicht von einem endlosen Leidenden Zustande? – komm, wann du willst, ich gehe dir muthig entgegen – lebt wohl und vergeßt mich nicht gantz im Tode, ich habe es um euch verdient, indem ich in meinem Leben oft an euch gedacht, euch glücklich zu machen, sejd es –
Heiglnstadt am 6ten october 1802

Ludwig van Beethoven.
(Siegel)

für meine Brüder Carl und [Johann] nach meinem Tode zu lesen und zu vollziehen
Heiglnstadt am 10ten ocktober 1802 so nehme ich den Abschied von dir – und zwar traurig – ja die geliebte Hofnung – die ich mit hierher nahm, wenigstens bis zu einem gewissen Punckte geheilet zu sejn, sie muß mich nun gänzlich verlassen, wie die Blätter des Herbstes herabfallen, gewelkt sind, so ist – auch sie für mich dürr geworden, fast wie ich hierher kamm – gehe ich fort – selbst der Hohe Muth – der mich oft in den Schönen Sommertägen beseelte – er ist verschwunden – o Vorsehung, – laß einmal

einen reinen Tag der *Freude* mir erscheinen – so lange schon ist der wahren Freude inniger widerhall mir fremd – o wann – o wann o Gottheit – kann ich im Tempel der Natur und der Menschen ihn wider fühlen – Nie? – – nein – es wäre zu hart.

An die »Unsterbliche Geliebte«[52]

Am 6. juli Morgends

Mein Engel, mein alles, mein Ich! – nur einige Worte heute, und zwar mit Blejstift (mit deinem); – erst bis morgen ist meine Wohnung sicher bestimmt, welcher Nichtswürdige Zeitverderb in d. g.[53] – warum dieser tiefe Gram, wo die Nothwendigkeit spricht – Kann unsre Liebe anders bestehn als durch Aufopferungen, durch nicht alles verlangen, kannst Du es ändern, daß Du nicht gantz mein, ich nicht ganz dein bin? – Ach Gott blick in die schöne Natur und beruhige Dein Gemüth über das müßende – die Liebe fordert alles und gantz mit recht, so ist es mir mit Dir, Dir mit mir – nur vergißt du so leicht, daß ich für mich und für Dich leben muß – wären wir gantz vereinigt, Du würdest dieses schmerzliche eben so wenig als ich empfinden – meine Reise war schrecklich – ich kam erst Morgens 4 Uhr gestern hier an, da es an Pferden mangelte, wählte die Post eine andere Reiseroute, aber welch schrecklicher Weg, auf der vorlezten Station warnte man mich bej nacht zu fahren, machte mich einen Wald fürchten, aber das reizte mich nur – und ich hatte Unrecht, der wagen mußte bej dem schrecklichen Wege brechen, grundloß, bloßer Landweg, ohne solche *Postillione,* wie ich hatte, wäre ich liegen geblieben Unterwegs – *Esterhazi*[54] hatte auf dem andern gewöhnlichen Wege hirhin dasselbe schicksaal mit 8 Pferden, was ich mit vier – jedoch hatte ich zum theil wieder Vergnügen, wie immer, wenn ich was glücklich überstehe. – nun geschwind zum innern vom äußern; wir werden unß wohl bald sehn, auch heute kann ich dir meine *Bemerkungen* nicht mittheilen, welche ich während dieser einigen Täge über mein Leben machte – wären unsre Herzen immer dicht an einander, ich machte wohl keine d. g. die Brust ist voll, Dir viel zu sagen – ach – es gibt Momente, wo ich finde, daß die sprache noch gar nichts ist – erheitere Dich – bleibe mein treuer, eintziger schatz, mein alles, wie ich Dir; das übrige müßen die Götter schicken, was für unß sejn muß und sejn soll. –

Dein treuer
ludwig

Abends Montags am 6ten Juli.

Du leidest du mein theuerstes Wesen – eben jetzt nehme ich wahr, daß die Briefe in aller Frühe aufgegeben werden müßen. Montags – Donnerstags – die eintzigen Täge wo die Post von hier nach K.[55] geht – Du leidest – ach, wo ich bin, bist auch Du mit mir, mit mir und Dir werde ich machen, daß ich mit Dir leben kann, welches Leben!!! so!!! ohne dich – verfolgt von der Güte der Menschen hier und da, die ich meine – eben so wenig verdienen zu wollen, als sie zu verdienen – Demuth des Menschen gegen den Menschen – sie schmerzt mich – und wenn ich mich im Zusammenhang des Universums betrachte, was bin ich und was ist der – den man den größten nennt – und doch – ist wieder hierin das Göttliche des Menschen – ich weine wenn ich denke daß Du erst wahrscheinlich Sonnabends die erste Nachricht von mir erhältst – wie du mich auch liebst – stärker liebe ich dich doch – doch nie verberge dich vor mir – gute Nacht! – als Badender muß ich schlafen gehen[56]. ach Gott – so nah! so weit! ist es nicht ein wahres Himmelsgebäude, unsre Liebe – aber auch so fest, wie die Veste des Himmels. –

guten Morgen am 7. Juli –

schon im Bette drängen sich die Ideen zu dir, meine Unsterbliche Geliebte, hier und da freudig, dann wieder traurig, vom Schicksaale abwartend, ob es unß erhört – leben kann ich entweder nur gantz mit dir oder gar nicht, ja ich habe beschlossen in der Ferne so lange herum zu irren, bis ich in deine Arme fliegen kann, und mich ganz heimathlich bej dir nennen kann, meine Seele von dir umgeben ins Reich der Geister schicken kann – ja leider muß es sejn – du wirst dich fassen, um so mehr da du meine Treue gegen dich kennst, nie eine andre kann mein Herz besitzen nie – nie – o Gott warum sich entfernen müßen, was man so liebt, und doch ist mein Leben in W.[57] so wie jetzt ein kümmerliches Leben – Deine Liebe machte mich zum glücklichsten und zum unglücklichsten zugleich – in meinen Jahren jetzt bedürfte ich einiger Einförmigkeit Gleichheit des Lebens – kann diese bej unserm Verhältniße bestehn?

– Engel, eben erfahre ich, daß die Post alle Tage abgeht – und ich muß daher schließen, damit Du den B. gleich erhältst – sej ruhig, nur durch Ruhiges beschauen unsres Dasejns können wir unsern Zweck zusammen zu leben erreichen – sej ruhig – liebe mich – heute – gestern – welche Sehnsucht mit Thränen nach dir – dir – dir – mein Leben – mein alles – leb wohl – o liebe mich fort – verken[ne] nie das treuste Hertz

Deines geliebten
L.

ewig Dein
ewig mein
ewig unß.

An Stephan von Breuning[58]

Hinter diesem Gemälde, mein guter, lieber Steffen, sei auf ewig verborgen, was eine Zeit lang zwischen uns vorgegangen. Ich weiß es, ich habe Dein Herz zerrissen. Die Bewegung in mir, die Du gewiß bemerken mußtest, hatte mich genug dafür gestraft. Boßheit war's nicht, was in mir gegen Dich vorging, nein, ich wäre Deiner Freundschaft nie mehr würdig; Leidenschaft bei Dir und bei mir – aber Mißtrauen gegen Dich ward in mir rege. – Es stellten sich Menschen[59] zwischen uns die Deiner und meiner nie würdig sind; – mein Portrait[60] war Dir schon lange bestimmt, du weißt es ja, daß ich es immer Jemand bestimmt hatte, wem könnte ich es wohl mit dem wärmsten Herzen geben, als Dir, treuer, guter, edler Steffen – Verzeih mir, wenn ich Dir wehe that; ich litt selbst nicht weniger als ich Dich so lange nicht um mich sah, empfand ich es erst recht lebhaft, wie theuer Du meinem Herzen bist und ewig sein wirst

Dein[61]

Du wirst wohl auch wieder in meine Arme fliehen, wie sonst.

An Ferdinand Ries[62]

Baden, den 24. Juli 1804

Mit der Sache von Breuning werden Sie sich wohl gewundert haben; glauben Sie mir, Lieber! daß mein Aufbrausen nur ein Ausbruch von manchen unangenehmen vorhergegangenen Zufällen mit ihm gewesen ist. Ich habe die Gabe, daß ich über eine Menge Sachen meine Empfindlichkeit verbergen und zurückhalten kann; werde ich aber auch einmal gereizt zu einer Zeit, wo ich empfänglicher für den Zorn bin, so platze ich auch stärker aus, als jeder Andere. Breuning hat gewiß treffliche Eigenschaften, aber er glaubt sich von allen Fehlern frei, und hat meistens die am stärksten, welche er an andern Menschen zu finden glaubt. Er hat einen Geist der Kleinlichkeit, den ich von Kindheit an verachtet habe. Meine Beurtheilungskraft hat mir fast vorher den Gang mit Breuning prophezeit, indem unsere Denkungs-, Handlungs- und Empfindungs-Weise zu verschieden ist, doch habe ich geglaubt, daß sich auch diese

Schwierigkeiten überwinden ließen; – die Erfahrung hat mich widerlegt. Und nun auch keine Freundschaft mehr! Ich habe nur zwei Freunde in der Welt gefunden, mit denen ich auch nie in ein Mißverhältniß gekommen, aber welche Menschen! Der eine ist todt, der andere lebt noch[63]. Obschon wir fast sechs Jahre hindurch keiner von dem anderen etwas wissen, so weiß ich doch, daß in seinem Herzen ich die erste Stelle, so wie er in dem meinigen einnimmt. Der Grund der Freundschaft heischt die größte Ähnlichkeit der Seelen und Herzen der Menschen. Ich wünsche nichts, als daß Sie meinen Brief läsen, den ich an Breuning geschrieben habe und den seinigen an mich. Nein, nie mehr wird er in meinem Herzen den Platz behaupten, den er hatte. Wer seinem Freunde eine so niedrige Denkungsart beimessen kann, und sich ebenfalls eine solche niedrige Handlungsart wider denselben erlauben, der ist nicht werth der Freundschaft von mir. – Vergessen Sie nicht die Angelegenheit meines Quartiers. Leben Sie wohl; schneidern Sie nicht zu viel, emphehlen Sie mich der Schönsten der Schönen; schicken Sie mir ein halbes Dutzend Nähnadeln[64]. – Ich hätte mein Leben nicht geglaubt, daß ich so faul sein könnte, wie ich hier bin. Wenn darauf ein Ausbruch des Fleißes folgt, so kann wirklich was Rechtes zu Stande kommen.

Vale.
Beethoven

An Ignaz v. Gleichenstein[65]

Lieber Gleichenstein – die vorgestrige Nacht hatte ich einen Traum, worin mir vorkam, als sey's *du in einem Stall*, worin du von ein paar prächtigen Pferden ganz bezaubert und hingerissen warst, sodaß du Alles rund um dich her vergaßest.

Dein Hut-Kauf ist schlecht ausgefallen, er hat schon gestern morgen in aller Früh *einen Riß* gehabt, wie ich hierher bin; da er zu viel Geld kostet, um gar so erschrecklich angeschmiert zu werden, so mußt du trachten, daß sie ihn zurücknehmen und dir einen andern geben, du kannst das diesen schlechten *Kaufleuten* derweil ankündigen, ich schicke dir ihn wieder zurück – das ist gar zu arg –

Mir geht es heut und gestern sehr schlecht, ich habe erschreckliches Kopfweh, – der Himmel helfe mir nur hiervon – ich habe ja genug mit einem Uebel – – wenn du kannst, schicke mir Baahrd[66] Uebersetzung des Tacitus – auf ein andermal mehr, ich bin so übel, daß ich nur wenig schreiben kann – leb wohl und – denke an meinen Traum und mich –

Baaden, am 13. Juni[67] Dein treuer
Beethoven.

Aus dem Briefe von *Simrock* erhellt daß wir wohl von Paris – noch eine günstige Antwort erwarten dürfen, sage meinem Bruder eine Antwort hierüber ob du's glaubst, so daß alles noch einmal geschwind abgeschrieben wird – Schick mir deine Nummer von Deinem Hause. – –

Pour Mr. de Gleichenstein.

Antworte mir wegen den Hut. –

An Therese Malfatti[68]

Sie erhalten hier, verehrte Therese, das Versprochene, und wären nicht die Triftigsten Hindernisse gewesen, so erhielten sie noch mehr, um ihnen zu zeigen, daß ich immer mehr meinen Freunden leiste als ich verspreche – ich hoffe und zweifle nicht daran, daß sie sich eben so schön beschäftigen als angenehm Unterhalten – letzteres doch nicht zu sehr, damit man auch noch unser gedenke. Es wäre wohl zuviel gebaut auf sie oder Meinen Werth zu hoch angesetzt, wenn ich ihnen zuschriebe »die Menschen sind nicht nur zusammen wenn sie bejsammen sind, auch der Entfernte, der Abgeschiedne lebt unß«[69]. wer wollte der flüchtigen alles im Leben leicht behandelnden T. so etwas zuschreiben?

Vergeßen sie doch ja nicht in Ansehung ihrer Beschäftigung das Klavier oder überhaupt die Musik im ganzen genommen, sie haben so schönes Talent datzu; warum es nicht ganz kultiviren, sie, die für alles schöne und gute soviel gefühl haben, warum wollen sie dieses nicht anwenden, um in einer so schönen Kunst auch das Vollkommenere zu erkennen, das selbst auf uns immer wieder zurückstralt? – ich lebe sehr einsam und still, obschon hier oder da mich lichter aufwecken möchten, so ist doch eine Unausfüllbare Lücke, seit sie alle fort von hier sind, in mir entstanden, worüber selbst meine Kunst, die mir sonst so getreu ist, noch keinen Triumph hat erhalten können – ihr Clavier ist bestellt, und sie werden es bald haben – welchen Unterschied werden sie gefunden haben in der Behandlung des an einem abend erfundenen Themas und so wie ich es ihnen letztlich niedergeschrieben habe, erklären sie sich das selbst, doch nehmen Sie ja den Punsch nicht zu Hülfe – wie glücklich sind sie, daß sie schon so früh auf's Land konnten, erst am 8ten kann ich diese Glückseelichkeit genießen, kindlich freue ich mich darauf, wie froh bin ich[,] einmal in Gebüschen, Wäldern, unter Bäumen, Kräutern, Felsen wandeln zu können, kein Mensch kann das Land so lieben wie ich – geben doch Wälder[70], Bäume, Felsen den Widerhall, den der Mensch wünscht – Bald erhalten sie einige andere Compositionen von mir, wobej sie nicht zu sehr über schwierigkeiten klagen sollen – haben Sie Göthes Wilhelm Meister gelesen, den von schlegel übersezten shakespear, auf dem Lande hat man so viele Muße, es wird Ihnen viel[l]eicht angenehm sejn, wenn ich ihnen diese Werke schicke. – Der Zufall fügt es daß ich einen Bekannten in ihrer Gegend habe, vieleicht sehn sie mich an einem frühen Morgen auf eine halbe Stunde bey ihnen, und wieder fort, sie sehn daß ich ihnen die kürzeste Langeweile bereiten will. –

Emphelen sie mich dem Wohlwollen ihres Vaters, ihrer Mutter, obschon ich mit Recht noch keinen Anspruch drauf machen kann, – ebenfalls dem der Base *Mm*[71]. Leben Sie nun wohl, verehrte T., ich wünsche ihnen alles was im Leben gut und schön ist, Erinnern sie sich meiner und gern – vergessen sie das Tolle – sejn sie überzeugt, Niemand kann ihr Leben froher, glücklicher wissen wollen als ich und selbst dann, wenn Sie gar keinen Antheil nehmen

an ihren Ergebensten
Diener und Freund
Beethoven.

NB. Es wäre sehr hübsch von ihnen in einigen Zeilen mir zu sagen worin ich ihnen hier dienen kann. –

An Franz Gerhard Wegeler

Wien am 2.ten May 1810.

Guter, alter Freund – beynahe kann ich es denken, erwekken meine Zeilen Staunen bey dir, – und doch, obschon du keine schriftlichen Beweise hast, bist du doch noch immer bey mir im lebhaftesten Andenken – Unter meinen Manuscripten ist selbst schon lange Eins, was dir zugedacht ist und was Du gewiß noch diesen Sommer erhältst. Seit ein 2 jahren hörte ein stilleres ruhigeres Leben bey mir auf, und ich ward mit gewalt in das Weltleben gezogen; noch habe ich kein Resultat *dafür* gefaßt, und viel[l]eicht eher dawider – doch auf wen mußten nicht auch die Stürme von außen wirken? doch ich wäre glücklich, viel[l]eicht einer der glücklichsten Menschen, wenn nicht der Dämon in meinen Ohren seinen Aufenthalt aufgeschlagen – hätte ich nicht irgendwo gelesen, der Mensch dürfe nicht freiwillig scheiden von seinem Leben, so lange er noch eine gute That verrichten kann, längst wär ich nicht mehr – und zwar durch mich selbst. – o so schön ist das Leben, aber bei mir ist es für immer vergiftet – du wirst mir eine Freundschaftliche Bitte nicht abschlagen, wenn ich dich ersuche[,] mir *meinen Taufschein*[72] zu besorgen – was nur immer für Unkosten dabey sind, da Steffen Breuning mit dir in Verrechnung steht, so kannst du dich da gleich bezahlt machen, so wie ich hier an Steffen gleich alles ersetzen werde – solltest du auch selbst es der Mühe werth halten, der Sache nachzuforschen und es dir gefallen, die reise von Coblenz[73] nach Bonn zu machen, so rechne mir nur alles an – Etwas ist unterdessen in Acht zu nehmen, nemlich daß noch ein Bruder *früherer Geburt vor mir war*[74], der ebenfalls Ludwig hieß, nur mit dem Zusatze *»Maria«*, aber gestorben [ist], um mein gewisses Alter zu bestimmen, muß man also diesen erst finden, da ich ohnedem schon weiß, daß durch andere hierin ein Irrthum entstanden, da man mich älter angegeben[,] als ich war. – leider habe ich eine Zeitlang gelebt, ohne selbst zu wissen[,] wie alt ich bin. – Ein FamilienBuch hatte ich, aber es hat sich verlohren, der Himmel weiß wie. – also laß dich's nicht verdrießen, wenn ich dir diese Sache sehr warm empfehle, den Ludwig Maria und den jetzigen nach ihm gekommenen Ludwig ausfindig zu machen – je bälder du mir den Taufschein schickst, desto größer meine Verbindlichkeit. – man sagt mir, daß du in euren Freimaurer logen ein Lied von mir singst, vermuthlich in *E dur*[75], und was ich selbst nicht habe; schick' mir's, ich verspreche dir's drey und vierfältig auf eine andere Art zu ersetzen – denke mit einigem Wohlwollen an mich, so wenig ich's dem äußern scheine nach um dich verdiene – Umarme, küsse deine verehrte Frau, deine Kinder, alles, was dir lieb ist, – im Namen

Deines Freundes
Beethoven.

An Bettina Brentano[76]

Wien am 10ten Februar 1811

Liebe, liebe Bettine!

Ich habe schon zwei Briefe von ihnen und sehe aus ihrem Briefe an die Toni[77], daß sie sich immer meiner und zwar viel zu vortheilhaft erinnern – ihren ersten Brief habe ich den gantzen Sommer mit mir herumgetragen, und er hat mich oft seelig gemacht, wenn ich ihnen auch nicht so oft schreibe, und sie gar nichts von mir sehen, so schreibe ich ihnen doch 1000 mal tausend Briefe in Gedanken – wie sie sich in Berlin[78] in ansehung des Weltgeschmeißes finden, könnte ich mir denken, wenn ich's nicht von ihnen gelesen hätte, Reden schwätzen über Kunst, ohne Thaten!!!!! Die Beste Zeichnung hierüber findet sich in Schillers Gedicht »Die Flüsse«, wo die Spree spricht[79] – sie heirathen liebe Bettine[80], oder es ist schon geschehen, und ich habe sie nicht einmal Zuvor noch sehen können, so ströme den[n] alles Glück ihnen und ihrem Gatten Zu, womit die Ehe die ehelichen segnet – was soll ich den[n] von mir sagen »Bedaure mein Geschick« rufe ich mit der Johanna aus[81], rette ich mir noch einige Lebensjahre, so will auch dafür wie für alles übrige Wohl und Wehe dem alles in sich fassenden dem Höchsten danken – An Göthe wenn sie ihm von mir schreiben, suchen sie alle die Worte aus, die ihm meine innigste Verehrung und Bewunderung ausdrücken, ich bin eben im Begrif[f] ihm selbst Zu schreiben wegen *Egmont,* wozu ich die Musick gesetzt, und zwar Bloß aus liebe zu seinen Dichtungen, die mich glücklich machen, wer kann aber auch einem großen

Dichter genug danken, dem kostbarsten Kleinod einer Nation? – nun Nichts Mehr, liebe gute B., ich komme diesen Morgen um 4 Uhr erst von einem Bachanal, wo ich sogar viel lachen muste, um heute bejnahe eben so viel zu weinen Rauschende Freude Treibt mich oft gewaltthätig wieder in mich selbst zurück – wegen Clemens vielen Dank für sein entgegenkommen was die Kantate [betrifft][82], so ist der Gegenstand für unß hier nicht Wichtig genug, ein anderes ist's in Berlin, – was die Zuneigung, so hat die Schwester davon eine so große Portion, daß dem Bruder nicht viel übrig bleiben wird, ist ihm auch damit gedient? – nun lebwohl, liebe, liebe B. ich küsse dich auf deine Stirne und drücke damit, wie mit einem Siegel, alle meine Gedanken für dich, auf. – Schreiben Sie Bald, bald, oft ihrem

Freunde
Beethoven[83]

An Johann Wolfgang von Goethe

Wien am 12ten April 1811.

Euer Exzellenz!

Nur einen Augenblick Zeit gewährt mir die dringende Gelegenheit, in der sich ein Freund von mir[84] ein großer Verehrer von ihnen (wie auch ich) von hier so schnell entfernt, ihnen für die lange Zeit daß ich sie kenne (denn seit meiner Kindheit kenne ich sie) zu danken – das ist so wenig für so viel – Bettine Brentano[85] hat mich versichert, daß sie mich gütig ja sogar freundschaftlich aufnehmen würden, wie könnte ich aber an eine solche Aufnahme denken, indem ich nur im stande bin, ihnen Mit der größten Ehrerbietung mit einem Unaussprechlichen tiefen Gefühl für ihre Herrlichen Schöpfungen zu nahen – sie werden nächstens die Musick zu Egmont von Leipzig durch Breitkopf und Hertel erhalten[86], diesen Herrlichen Egmont, den ich, indem ich ihn eben so warm als ich ihn gelesen, wieder durch sie gedacht, gefühlt und in Musick gegeben habe – ich wünsche sehr ihr Urtheil darüber zu wißen[87], auch der Tadel wird mir für mich und meine Kunst ersprießlich sejn und so gern wie das gröste Lob aufgenommen werden –

Euer Exzellenz
Großer Verehrer
Ludwig van Beethoven

An Karl August Varnhagen von Ense

Teplitz[88] am 14. Juli 1812

Hier, lieber Varnhagen[89], das Packet für Wilms[90] – ich lasse ihn bitten mir die drei Theile von Goethe's Wilhelm Meisters Lehrjahre hierher mit dem Postwagen zu schicken, da sich der vierte fehlende gefunden hat – sollten Sie bald selbst hierher kommen, so wäre das freilich nicht nöthig, daher überlasse ich dieses Ihrer Weisheit. – Von Teplitz ist nicht viel zu sagen, wenig Menschen, und unter dieser kleinen Zahl nichts Auszeichnendes, daher leb' ich – allein – allein! allein! allein! Es war mir leid, lieber Varnhagen, den letzten Abend in Prag nicht mit Ihnen zubringen zu können, ich fand es selbst für unanständig, allein ein Umstand, den ich nicht vorhersehen konnte, hielt mich davon ab – halten Sie mir dieses daher zu Gute – mündlich näher darüber. – Recht viel Schönes an General Bentheim[91] – ich wünschte ihn und Sie vorzüglich hier – wenn Sie auch an mir einen Sonderling finden, so könnte ich ja wieder etwas anders nicht Sonderliches an Ihnen finden – wenn sich nur wenigstens einige gute Seiten berühren, dies ist hinlänglich, der Freundschaft den Weg zu bahnen. –

Leben Sie wohl! wohl! wohl! Zertrümmern Sie das Ueble und halten Sie sich oben.

Ihr Freund
Beethoven

N.E. Schreiben Sie mir, und schicken mir gefälligst Ihre genauere Adresse.
An Herrn von Varnhagen in Prag. Abzugeben sammt Packet bei Herrn General, Grafen von Bentheim.

An Erzherzog Rudolph[92]

Franzensbrunn[93] am 12. august 1812.

Ihro Kaiserliche Hoheit!

Schon lange wäre es meine Pflicht gewesen, mich in ihr Gedächtniß zurückzurufen, allein Theils meine Beschäftigung meiner Gesundheit halber, theils meine Unbedeutenheit ließ mich hierin zaudern. – in Prag verfehlte ich I. K. H. gerade um eine Nacht, denn indem ich mich Morgens zu ihnen verfügte, um ihnen aufzuwarten, waren sie eben die Nacht vorher abgereist. In Teplitz hörte ich alle Täge 4 mal türkische Musik, den einzigen Musikalischen Bericht, den ich abstatten kann, Mit Göthe war ich viel zusammen, Von T. aber beorderte mich mein Artzt *Staudenheim* nach Karlsbad, von da hierhin, und vermuthlich dürfte ich von hier noch einmal nach Teplitz zurück – welche Ausflüge! und doch noch wenig Gewißheit über die Verbesserung meines Zustandes! von I. K. H. Gesundheit-Umständen habe ich bisher noch immer die beste Nachricht erhalten, auch von der fortdauernden Gewogenheit und ergebenheit, welche sie der Musikalischen Muse bezeigen. von Einer *Akademie,* welche ich zum besten der abgebrannten stadt Baden gegeben[94], Mit Hülfe des Hr. *polledro*[95], werden ihro K. H. gehört haben, Die Einnahme war beinahe 1000 fl. W. W. und wäre ich nicht schenirt gewesen in der Bessern Anordnung so dürften leichtlich 2000 fl. eingenommen worden sejn. Es war eigentlich ein Armes Kontzert für die Armen. ich fand bejm Verleger hier nur von meinen früheren Sonaten mit Violine. da dieses *polledro* durchaus wünschte, muste ich mich eben bequemen eine alte *sonate* zu spielen – das ganze Kontzert bestand aus einem *Trio* von *Polledro* gespielt, der Violin-Sonate von mir[96], wieder etwas von polledro gespielt und dann Fantasirt von mir. – Unterdessen freue ich mich wahrhaft, daß den armen Badnern etwas dadurch zu theil geworden, – geruhen sie meine wünsche für ihr höchstes wohl und die Bitte zuweilen meiner gnädigst zu gedenken, anzunehmen.

Ihro Kaiserliche Hoheit
Unterthänigster
Ludwig van Beethoven

so eben habe ich um den gantzen Titel des Fürsten *Kynsky* geschrieben, sie erhalten ihn so doch noch zeitig genug, da ich vermuthe, daß sie die Messe nicht vor Herbst heraus geben –

An Amalie Sebald[97]

16. September 1812.

Tyrann ich?! Ihr Tyrann! Nur Mißdeutung kann Sie dies sagen lassen, wie wenn eben dieses Ihr Urtheil keine Uebereinstimmung mit mir andeuten. Nicht Tadel deswegen; es wäre eher Glück für Sie. – Ich befand mich seit gestern schon nicht ganz wohl, seit diesem Morgen äußerte sich's stärker; etwas Unverdauliches für mich genossen ist die Ursache davon, und die reizbare Natur in mir ergreift ebenso das schlechte als gute, wie es scheint; wenden Sie dies jedoch nicht auf meine moralische Natur an. Die Leute sagen nichts, es sind nur Leute; sie sehen sich meistens in Andern nur selbst und das ist eben nichts; fort damit, das Gute Schöne braucht keine Leute. Es ist ohne alle andere Beihülfe da und das scheint denn doch der Grund unseres Zusammenhaltens zu sein. – Leben sie wohl[,] liebe Amalie. Scheint mir der Mond heute Abend heiterer als den Tag durch die Sonne, so sehen Sie den kleinsten kleinsten aller Menschen bei sich.

Ihr Freund
Beethoven

An Breitkopf und Härtel[98]

Teplitz am 17ten September 1812.

P. P.

Im bette liegend schreibe ich ihnen, die *Natur* hat auch ihre *Etiquette,* indem ich hier wieder die Bäder gebrauche, fällt es mir gestern Morgen Frühe bej Anbruch des tages ein, die Wälder zu besuchen, trotz allem Nebel, für diese *licentiam poeticam* büße ich heute; – Mein Aesculap[99] hat mich recht im Zirkel herumgeführt, indem denn doch das beste hier, die Kerls verstehn sich schlecht auf effeckt, ich mejne darin sind wir dann doch in unsrer Kunst weiter – Es könnte sejn, daß ich leiptzig besuche, doch bitte ich sie sich darüber ganz *tacet* zu verhalten, denn aufrichtig zu sagen, sie trauen mir in Österreich nicht mehr recht, worin sie auch recht haben, und werden mir vieleicht die Erlaubnis gar nicht, oder spät ertheilen, so daß es zur Meße zu spät sejn würde, ich weiß zwar kein wort mehr, wie sich das verhält – wenn sie sonst müßig sind, so schreiben sie mir darüber ihre Mejnung, doch Eins: kann ich wohl chöre etc. aufführen, ohne daß es zu viel kostet, ich bin der Bloßen Virtuosität ohnedem nicht sehr hold, nur hat mich die Erfahrung gelehrt, daß mit singesachen besonders chören die Kosten Ungemein groß sind, und es dann manchmal kaum lohnt einen Preiß gesetzt zu holen, indem man auch ohne alles das dieses *gratis* hätte geben können – da ich auch gar nichts gewisses bestim̄en kann, so bitte ich sie von meinem Vorhaben weiter keinen Gebrauch zu machen – leben sie wohl studiren sie nicht zu viel auf der leiptziger Universität, Es möchte die Aesthetik dabej verlieren –

der Ihrige
Ludwig van Beethoven

An Fürstin Caroline Maria Kinsky[100]

Wien den 30. Dez. 1812

Eure Durchlaucht!

Das unglückliche Ereigniß, – welches Seine Durchlaucht den Fürsten von Kinsky, HochDero seligen Gemahl, Dem Vaterlande, Ihren theuren Angehörigen, und so Vielen entriß, die Sie großmütig unterstützen, welches jedes für das Grosse und Schöne empfängliche Gemüth mit tiefer Trauer erfüllt, – traf auch mich auf eben so sonderbare als für mich empfindliche Weise. Die herbe Pflicht der Selbsterhaltung zwingt mich Eurer Durchlaucht eine gehorsamste Bitte vorzulegen, welche, wie ich hoffe, in ihrer Billigkeit zugleich die Entschuldigung mit sich führen wird, Eure Durchlaucht in einem Augenblicke, wo so viele wichtige Gegenstände Sie beschäftigt, damit belästigt zu haben. – Erlauben Eure Durchlaucht, Ihnen diese Angelegenheit vorzutragen.

Es wird Eurer Durchlaucht ohne Zweifel bekannt sein, daß, als ich im Jahre 1809 den Ruf nach Westphalen erhielt, Seine Durchlaucht der Fürst von Kinsky, HochDero seliger Gemahl, vereint mit seiner kais. Hoheit dem Erzherzog Rudolph und Sein. Durchlaucht dem Fürsten von Lobkowitz sich erboten mir lebenslänglich einen jährlichen Gehalt von Vier Tausend Gulden zu bewilligen, wenn ich diese Aufstellung aufgeben und in Österreich bleiben wollte. Obwohl schon damals diese Summe in keinem Verhältnisse mit jener stand, welche mir in Westphalen zugesichert war, so ließ mich dennoch die Vorliebe für Österreich sowohl, als die Anerkennung dieses höchst großmüthigen Antrages keinen Augenblick anstehen, denselben anzunehmen. Der Antheil, welchen seine Durchlaucht der Fürst von Kinsky an diesem Gehalt nahmen, beträgt fl. 1800 – welche ich seit 1809 in vierteljährigen Raten aus der Hochfürstlichen Cassa erhielt. Die später eingetretenen Zeitumstände verringerten zwar diesen Betrag auf eine Kleinigkeit; dennoch beschied ich mich gerne, bis im vorigen Jahre das Patent im Betreff der Reduktion der Bco. Zettel in Einl.-Scheinen erschien. Ich wendete mich an Seine kais. Hoheit den Erzherzog Rudolph mit der Bitte mir den HöchstDieselben betreffenden Antheil an meinem Gehalt, nämlich fl. 1500,– künftig in Einl.-Scheinen ausbezahlen zu lassen. Seine kaiserl. Hoheit gestanden sie mir augenblicklich zu, und ließen mir eine schriftliche Versicherung darüberausstellen. Dasselbe bewilligte mir auch der Fürst von Lobkowitz für seinen Antheil 1.700.–

Da seine Durchlaucht der Fürst von Kinsky dazumal in

Prag waren, so ließ ich Hochdenenselben im Monate May dieses Jahres durch Herrn Varnhagen von Ense, Offizier im Regimente Vogelsang die gehorsamste Bitte überreichen, mir den Seine Durchlaucht betreffenden Theil an meinem Gehalte fl. 1800 – gleich den andern beiden hohen Theilnehmern in Einl.-Scheinen bezahlen zu lassen. Herr von Varnhagen berichtete folgendes, wie es sein in Original existierender Brief beweißt:

Gestern hatte ich mit dem Fürsten Kinsky eine gehörige Unterredung. Unter den größten Lobsprüchen für Beethoven gestand er augenblicklich dessen Forderung zu und will demselben von der Zeit an, daß Einlösungsscheine angekommen sind, die Rückstände und die zukünftigen Summen in dieser Währung auszahlen. Der Kassier erhält hier die nöthige Weisung und Beethoven kann bei seiner Durchreise hier alles erheben, oder falls es ihm lieber ist, in Wien sobald der Fürst dorthin zurückgekommen sein wird.

Prag, den 9. Juni 1812. –

Da ich einige Wochen darauf, auf meiner Reise nach Töplitz durch Prag kam, stellte ich mich dem Fürsten vor und erhielt von Demselben die Bestätigung dieser Zusage in ihrem ganzen Umfange. Seine Durchlaucht erklärten mir überdieß, daß Sie die Rechtmäßigkeit meiner Bitte vollkommen einsähen und sie nicht anders als billig fänden. Da ich mich nicht in Prag aufhalten konnte, bis diese Angelegenheit ganz abgemacht war, so hatte Seine Durchlaucht die Gnade, mir als à conto Zahlung 60 Stück Ducaten zu geben welch nach Hoch Dero Äußerung mir für fl. 600 Wien.-Währung gelten sollten. Bei meiner Zurückkunft nach Wien sollten die Rückstände in Ordnung gebracht und der Befehl an die Casse gegeben werden mir in Zukunft meinen Gehalt in Einl.-Scheinen zu bezahlen. So lautet der Wille Seiner Durchlaucht. Meine Kränklichkeit nahm in Töplitz zu, und ich war gezwungen, länger da zu bleiben als ich mir früher vorgenommen hatte; ich ließ daher seiner Durchlaucht, welche sich damals in Wien befand im Monate September dieses Jahres durch einen meiner hiesigen Freunde Herr Oliva eine gehorsamste schriftliche Erinnerung an Ihr Versprechen überreichen, und Seine Durchlaucht hatten neuerdings die Gnade diesen Herrn das gegebene Versprechen zu wiederholen und zwar mit Dem Zusatze, daß Sie in einigen Tagen das Nöthige deßhalb an der Cassa verfügen wollten.

Einige Zeit darauf reisten Sie fort. –

Bei meiner Ankunft in Wien ließ ich mich bei dem fürstlichen Herrn Rath erkunfdigen, ob mein Gehalt vor der Abreise des Fürsten angewiesen worden sei, und hörte zu meinem Erstaunen, daß Seine Durchlaucht nichts in dieser Sache verfügt hätte.

Die Liquidität meiner Bitte beweißt das Zeugniß der Herren Varnhagen und Oliva, mit welchen beyden Seine Durchlaucht gesprochen und welchen Sie Ihre Zusage wierholten. – Auch bin ich überzeugt daß die hohen Erben und Nachkommen dieses edlen Fürsten gewiß im geiste Seiner Humanität und Großmuth fortwirken, und Seine Zusage in Erfüllung bringen werden.

Ich lege daher meine gehorsamste Bitte »mir die Rückstände meines Gehaltes in Einl.-Scheinen zu bezahlen, und an die Hochfürstl. Cassa die Weisung zu geben, daß mir die künftigen Beträge derselben Währung verabfolgt werden« getrost in die Hände Eurer Durchlaucht und erwarte von Ihrer Gerechtigkeit die günstigste Entscheidung derselben. –

Eurer Durchlaucht
ganz gehorsamster
Ludwig van Beethoven.

An Nicolaus v. Zmeskall

Wien 25. Februar 1813

Ich bin mein lieber Z., seit der Zeit ich Sie nicht gesehen bejnahe immer krank, unterdeßen hat sich der Bediente, welcher vor dem, den sie jetzt haben, bej ihnen war, bej mir gemeldet; ich erinnerte mich seiner nicht, er aber sagte mir, daß er bej Ihnen gewesen und daß sie nichts auszusetzen an ihm gehabt, als daß er sie nicht recht frisiren könnte – ich habe ihm zwar schon, doch nur 1 fl. Drangeld gegebem; sollten sie sonst nichts Aergeres, welches ich sie mir bitte aufrichtig zu sagen, an ihm auszustellen haben, so würde ich dabei bleiben, denn die Frisur ist wie sie wissen mein letztes Augenmerk, es müßte denn seyn, daß man meine Finanzen frisiren und tappiren könnte. – Ich erwarte noch heute eine antwort von ihnen; trift es sich, daß man ihrem Bedienten nicht aufmacht, so soll er nur linker hand in der wohnung ihr Zettel abgeben, und trifft er da niemand, unten bej der Haußmeisterin.

der Himmel segne sie in Ihren musikalischen Unternehmungen. – Der Ihrige

Ludwig van Beethoven
Miserabilis[101]

An Joseph von Varena

Baden am 4ten Juli 1813

Mein werther Herr![102]

Verzeihen Sie meine späte Antwort, die Ursache ist noch immer dieselbe, meine hiesigen Verdrießlichkeiten, Verfechtungen meiner Rechte, und alles das geht sehr langsam, habe ich es doch mit einem fürstlichen Lumpenkerl fürst Lobkowitz[103] zu thun, ein anderer edler Fürst, das Gegentheil von diesem, starb, allein er so wenig als ich dachte an seinen Tod und in Rücksicht meiner hinterließ er nichts schriftliches, dieses muß nun in Prag bei den Landrechten ausgefochten werden, welche Beschäftigung für einen Künstler, dem nichts so sehr am Herzen liegt, als seine Kunst und in alle diese Verlegenheiten haben mich S. K. H. der Erzhertzog Rudolf gebracht. – Was die Werke anlangt, welche sie von mir empfangen, so bitte ich sie mir folgende sogleich zurückzusenden, indem sie mir nicht angehören, nemlich: die Sinfonie aus c moll, die Sinfonie aus B dur, den Marsch – die übrigen Stücke können sie bej sich behalten, wenn sie wollen, nur bitte ich sie selbe nicht weiter zu geben, da nichts von allem dem heraus ist, ohnehin werden ihnen ja die Unkosten von den 100 fl. von den E. f. (= Ehrwürdigen Frauen), die ich ihnen zurückzusenden habe, abgezogen für die chöre – was das oratorium anbelangt, hats auch noch Zeit, da ich es nicht brauche – also nur die 3 oben benannten Werke – nehmen sie meinen Dank für die 150 fl. von der hochgeschätzten Gesellschaft, emphelen sie mich dieser angesehenen Gesellschaft, jedoch bin ich darüber beschämt, warum wollen sie die kleinen Gefälligkeiten die ich den guten Ehrwürdigen frauen erzeigt, so hoch anschlagen? ich hoffe daß meine Verdrießlichkeiten sich bald endigen werden und ich in völligen Besitz komme dessen was mir zugehört, sobald dieses der Fall ist, komme ich im Herbst nach Gratz und dann sollen die 150 fl. in Anschlag gebracht werden, ich werde alsdann eine Akademie zum besten der guten Ursulinerinnen oder für irgend ein anderes Institut, welches man mir als das bedürftigste, nützlichste vorschlagen wird, eine große Akademie geben – emphelen Sie mich hierbej Seiner Excellenz dem Herrn Gouverneur Graf Bissingen[104], sagen sie ihnen, daß ich es mir immer zur angenehmsten Pflicht machen werde, was ich im Stande bin für Gratz irgend nützlich zu sejn – dank für ihr Gemälde! Wozu das alles? ich sehe, sie wollen mich durchaus zu ihrem großen Schuldner machen, nur dann nenne ich mich

ihr Schuldner
und Freund Beethoven

Alles schöne den Ehrwürdigen frauen
wie insbesondere der Oberin

NB. Mit meiner Gesundheit geht es besser, und wird wohl ganz gut gehn, sobald die moralischen Ursachen, die darauf wirken, sich verbessern. Da ich noch in Baden bin, bitte ich sie die musikalien unter der nemlichen Adresse, ihres vorigen Briefes nach Wien zu senden.

An Erzherzog Rudolph

Vien am 14. juli 1814.

Ihro Kaiserliche Hoheit!

Ich höre, so oft ich mich wegen ihrem Wohl erkundige, nichts als erfreuliches. – was mein geringes Wesen anbelangt, so war ich bisher immer verbannt, Wien nicht verlaßen zu können, um mich leider I. K. H. nicht nahen zu können, so wie auch des mir so nötigen Genußes der schönen Natur beraubt. – Die T.-Direczion[105] ist so ehrlich, daß sie schon einmal wider alles gegebene Wort meine *Oper Fidelio*[106], ohne meiner Einnahme zu gedenken, geben ließ, diese liebreiche Erlichkeit würde sie auch zum zweitenmal jetzt ausgeübt haben, wäre ich nicht wie ein ehemaliger Frantzösischer Douanenwächter auf der Lauer gestanden. – endlich mit einigen ziemlich mühsamen Bewerbungen kam es zu stande, daß meine Einnahme der *oper Fidelio* den 18. Juli statt hat. – Diese *Einnahme* ist wohl mehr eine *Ausnahme* in dieser jahreszeit, allein eine Einnahme für den *Autor* kann oft, wenn das Werk einigermaßen nicht ohne Glück war, ein kleines Fest werden. Zu diesem Feste ladet der Meister Seinen erhabenen Schüler gehorsamst ein, und hofft – ja ich hoffe, daß sie Ihro Kaiserl. Hoheit gnädig aufnehmen und durch ihre Gegenwart alles verherrlichen. – Schön würde es sein, wenn I. K. H. noch die andern Kaiserlichen Hoheiten zu bereden suchten, dieser Vorstellung meiner *oper* beizuwohnen. Ich werde selbst hier, das was die Ehrerbietung hierin gebeut, beobachten. durch *Vogels*[107] Krankheit konnte ich meinem Wunsche, *Forti* die rolle des Pizarro zu übergeben, entsprechen, da seine Stimme hierzu geeigneter – allein es sind daher auch nun täglich Proben, welche zwar sehr vorteilhaft für die *Aufführung* wirken werden, mich aber außer stand setzen werden, noch vor meiner Einnahme I. K. H. in Baden aufwarten zu können. – nehmn sie mein schreiben gnädig auf und erinnern sich I. K. H. gnädigst meiner mit Huld. –

Ihro Kaiserlichen Hoheit
treu gehorsamster
Diener
ludwig van Beethoven.

An Dr. Johann Kanka[108]

Tausend Dank, mein verehrter *K.* ich sehe endlich wieder einen *Rechtsvertreter* und *menschen[,]* der schreiben und denken kann, ohne der armseeligen Formeln zu gebrauchen. – sie können sich kaum denken, wie ich nach dem Ende dieses Handels seufze, da ich dadurch in allem, was meine Oekonomie betrift, unbestimmt leben muß, – ohne was es mir sonst schadet. sie wissen selbst, der Geist der wirkende darf nicht an die elenden Bedürfnisse gefesselt werden, und mir wird dadurch noch manches mich Beglückendes für das Leben entzogen. selbst meinem Hange und meiner mir selbst gemachten Pflicht vermittelst meiner Kunst für die bedürftige Menschheit zu handeln, habe ich müssen und muß ich noch schranken setzen. – von unsern Monarchen etc., den Monarchien etc. schreibe ich ihnen nichts, die Zeitungen schreiben ihnen Alles, – mir ist das geistige Reich das liebste, und der Oberste aller geistigen und weltlichen Monarchien – schreiben Sie mir doch, was Sie wohl *für sich selbst* von mir wünschen, von meinen schwachen musikalischen Kräften, damit ich ihnen, so weit ich damit reiche, etwas für *ihren* eigenen Musikalischen Sinn oder Gefühl verschaffe. – Brauchen Sie nicht alle Papiere, die zu der *Kinskischen* Sache gehören? in diesem Falle würde ich sie ihnen schicken, da dabej die wichtigsten Zeugnisse sind, die sie auch glaube ich bei mir gelesen – denken sie an mich, und denken sie, daß Sie einen uneigennützigen Künstler gegen eine knickerische Familie vertreten. wie gerne entziehen die Menschen wieder dem armen Künstler, was sie ihm auf sonstige Art zollen, – und Zeus ist nicht mehr, wo man sich auf *Ambrosia* einladen konnte – beflügeln Sie, lieber Freund, die trägen schritte der Gerechtigkeit. Wenn ich mich noch so hoch erhoben finde, wenn ich mich in glücklichen Augenblicken in meiner Kunstsphäre befinde, so ziehn mich die Erdengeister[109] wieder herab, dazu gehören nun auch die 2 Prozesse. – Auch sie haben unannehmlichkeiten; obschon ich bei ihren angewohnten Einsichten und Fähigkeiten und besonders in ihrem Fache das nicht geglaubt hätte, so muß ich sie doch auf mich selbst zurück[weisen]. einen Kelch des bittren Leidens habe ich ausgeleert und mir schon das Martirerthum in der Kunst vermittelst der lieben Kunstjünger und Kunstgenossen erworben. – ich bitte sie denken sie alle Tage an mich und denken sie, es sej eine ganze Welt, da natürlich es ihnen viel zugemuthet ist, an ein so kleines jndividuum zu denken, wie mich. –

ihr
mit der innigsten
Achtung und Freundschaft
ergebener
Ludwig van Beethoven

An Johann Xaver Brauchle[110]

Ich bin nicht wohl, lieber B., doch sobald ich mich besser befinde, besuche ich sie; verdrießlich über vieles, empfindlicher als alle andern Menschen und mit der Plage meines Gehörs finde ich oft im Umgange anderer Menschen nur *Schmerzen*. Ich hoffe, daß unsere liebe Frau Gräfin sich immer besser befindet. Dem *Violoncello* lassen Sie einen Kuglhupfen in Form eines *Violon*schells backen, damit er sich darauf üben kann, wenn auch nicht die Finger, doch den Magen und das Maul.

Sobald ich kann, komme ich auf einige Tage zu ihnen, ich werde die beiden Violonzell-*Sonaten*[111] mitbringen.

Leben Sie wohl! alle 3 Kinder küsse und umarme ich in Gedanken; das Aber steht ebenfalls mit obenan bei mir.

Leben Sie wohl lieber *B.*

Alles Schöne u. Gute der Gräfin für ihr Heil

ihr
Beethoven.

An das Niederoesterreichische Landrecht
Hochlöbliches k. k. N. O. Landrecht![112]

Wien, den 20t Dezember 1815

So ungern der Unterzeichnete eine seiner Familie u. namentlich seinem unglücklichen verstorbenen Bruder tiefgeschlagene und nur schwer vernarbte Wunde wieder aufreißt: so sieht er sich doch durch die gerichtliche Verordnung A, und durch die Analogie des § 20 des B.G.L. veranlaßt, das hohe Gericht darauf aufmerksam zu machen, daß, insofern dasselbe es der nöthigen Führsorge für das Wohl des 9 bis 10jährigen Karl van Beethoven[113] zuträglich hält, vor Uibertragung der Vormundschaft an dessen Mutter ämtliche Auskünfte über ihre früheren Verhältnisse zu erhalten, der Bescheid B des L. Magistrats von Wien den nöthigen Fingerzeig geben würde, und daß achtungswürdige, in ansehnlichen Ämtern stehende Männer bereit seyen, über ihr Benehmen vor und nach der ehelichen Verbindung mit meinem Bruder bis zu dessen Tode die unzweydeutigsten Zeugnisse abzulegen, wenn auch Ich hier nichts von demjenigen sagen wollte, was ich selbst vollkom̃en zu erweisen im Stande bin. Uiberdieß kommt die Betrachtung hinzu, daß eine Frau auch bey moralischen u. intellektuellen Eigenschaften, was jedoch bey der Wittwe meines verstorbenen Bruders, leider! daß ich es sagen muß, keines Wegs der Fall ist, niemals geeignet seyn kann, die Erziehung eines Knaben, sobald er das Alter von 9 Jahren überschreitet, zweckmäßig zu leiten. Die hinterlassene Wittwe meines Bruders wurde zwar von ihm selbst in einem, während einer anderthalbstündigen Abwesenheit von meiner Seite ohne mein Wissen u. hinter meinem Rücken nachgetragenen Codicille als Mitvormünderin erklärt; allein es ist gewiß u. ganz erweislich, daß derselbe diese spätere Anordnung nur, wie ich bestimmt weiß, auf heftiges Andrängen seiner Frau und nicht im Zustande vollkommener Freyheit gemacht hat, indem er gleich darauf diese Anordnung widerrufen und die, ihn während seiner Krankheit pflegende Frau Anna Wildmann (Brettschneiderinn, wohnhaft No. 53 in Alservorstadt, zu ebener Erde) zu dem D. Schönauer[114] sandte, um das Codicille zurückzufordern, der aber nicht zu Hause gefunden wurde. Als ich sodann zu meinem Bruder zurückkam, widerholte u. erklärte er mir mit klaren Worten den Widerruf des in meiner Abwesenheit ihm abgedrungenen Codicills und bat mich dringend, mit besagter Frau zu H. D. Schönauer schleunigst zu fahren u. es zurückzunehmen, *»weil im entgegengesetzten Falle große Verwirrung daraus entstehen könnte«*. Dies sind seine eigenen Worte.

Unglücklicher Weise trafen wir ihn nicht zu Hause, und als wir zum zweyten Mahle in derselben Absicht zu ihm fuhren, war er ebenfalls nicht zu finden. Indessen starb mein armer Bruder[115]. Diese Umstände zu bezeugen ist mehr besagte Frau Anna Wildmann jeden Augenblick erbötig. Uiberdies ist aus der Vergleichung des testamentarischen Artikels, wodurch ich zum alleinigen Vormund ernannt bin, mit dem Codicill nur zu sehr ersichtlich, daß meinem Bruder eine von jener im Testamente ganz verschiedenen Sprache in den Mund gelegt wurde, als deren er sich in seinem Leben gegen mich zu bedienen gewohnt war. Zugleich ist es sonnenklar, daß, da die Wittwe meines Bruders von ihm im Testamente von der Vormundschaft ausgeschlossen wurde, dieser Umstand keineswegs so geartet seyn kann, daß man Vertrauen in ihren Charakter setzen könnte.

Da ich jedoch einzig und allein nur das künftige Wohlergehen meines Neffen Karl unverrückt u. fest im Auge halte u. blos eine für ihn zweckmäßige, sorgfältige Erziehung bezwecke; so lasse ich jene Umstände dahingestellt seyn, u. stehe ruhig in der tröstlichen Uiberzeugung, daß das hochlöbl. N. O. Landrecht bey so gestalteten Sachen nach eigenem, weisen Ermessen fürgehen und demzufolge in Berücksichtigung des Wohles meines Neffen entweder mir allein u. ausschließlich die Vormundschaft, oder mit Zulassung der Wittwe des Bruders auftragen, dagegen aber in letzterem Falle mich bey jenen Maaßregeln schützen wird, die ich mit Vorwissen des hochlöbl. N. O. Landrechts zum Besten meines Neffen nöthig finden werde, und die höchstwahrscheinlicher Weise nicht selten in der beschränkten Ansicht u. Beurtheilung, wie nicht minder in dem Leichtsinn, der Unachtsamkeit, Sorglosigkeit u. Leidenschaftlichkeit, vor allen aber in dem gerechte Besorgniß erregenden Betragen der Mitvormünderin Widerspruch zum empfindlichen Nachtheil des Kindes finden dürften.

Zugleich erkläre ich dabey, daß ich es als eine mir heilige Gewissenspflicht ansehe, auf meine Rechte zur testamentarischen Vormundschaft nicht Verzicht zu leisten, u. daß ich in deren Ausübung alles anwenden werde, was nach meiner strengsten Uiberzeugung zum wahren Wohle u. zum moralischen u. intellektuellen Frommen meines Neffen beytragen u. förderlich wirken kann, ohne mich jedoch hiebey an die Anordnungen des Kodicills zu halten, welches als eine in der Ausführung von nicht vorauszusehenden Umständen abhängige Verordnung eines Sterbenden ohnehin weder eine Kraft haben, noch weniger zum Vorwand dienen kann, zweckmäßige, in reiner u. guter Absicht ergriffene Maaßregeln für die Erziehung des Kindes zu vereiteln.

Welches ich hiermit berichten u. die weitere Anordnung der hohen Einsicht des hochlöbl. N. O. Landrechts habe anheimstellen wollen.

Ludwig van Beethoven

An Anna Milder-Hauptmann

Vien[116] am 6ten jenner 1816

Meine werthgeschätzte Einzige Milder,
meine liebe Freundin!

sehr spät kommt ein schreiben von mir ihnen zu, wie gern möchte ich den Enthusiasm der Berliner mich persönlich beifügen können, den Sie im Fidelio[117] erregt, Tausend Dank von meiner Seite, daß sie meinem Fidelio so getreu geblieben sind. – wenn Sie den Baron de la Motte Fouqué[118] in meinem Namen bitten wollen, ein großes opern Süjet zu erfinden, welches auch zugleich für Sie anpassend wäre, da würden sie sich ein großes Verdienst um mich u. um Deutschlands Theater erwerben – auch wünschte ich solches ausschließlich für das *Berliner Theater* zu schreiben, da ich es hier mit dieser knickerigen Direkzion nie mit einer neuen oper zu stande bringen werde. – antworten sie mir bald, baldigst, sehr geschwind, so geschwind als möglich, aufs geschwindeste –, ob so was thunlich ist. – Herr Kapellmeister W.[119] hat Sie Himmelhoch bey mir erhoben, u. hat recht, glücklich kann sich derjenige schätzen, dem sein looß ihren Musen, ihrem Genius, ihren herrlichen Eigenschaften u. Vorzügen anheimfällt – so auch ich – wie es auch sey, alles um sie her darf sich nur *Nebenmann* nennen, ich allein nur führe mit recht den ehrerbietigen Namen *Hauptmann* u. nur ganz im stillen

ihr wahrer Freund
u. Verehrer
Beethoven

(Mein armer unglücklicher Bruder ist gestorben[120] – dies die Ursache meines lange ausgebliebenen schreibens)

Sobald sie mir geantwortet haben, schreibe ich auch an Baron de la Motte Fouqué, gewiß wird ihr Einfluß in B. es leicht dahin bringen, daß ich für das berliner Theater u. besonders berücksichtigt für Sie mit annemlichen Bedingungen eine ganze oper schreibe – *nur antworten sie bald,* damit ich mich mit meinen übrigen Schreibereyen damit eintheilen kann[121]. –

An Gräfin Marie Erdödy[122]

Wien den 13. Mai 1816.

Meine werthe liebe Freundin!

Sie dürften vielleicht und mit Recht glauben, daß ihr Andenken völlig in mir erloschen sey, unterdessen ist es nur der Schein, meines Bruders Tod[123] verursachte mir großen Schmerz, alsdann aber große Anstrengungen, um meinen mir lieben Neffen[124] vor seiner verdorbenen Mutter[125] zu retten, dieses gelang, allein hieher konnte ich noch nichts Besseres für ihn thun, als in ein Institut zu geben, also entfernt von mir, und was ist ein Institut gegen die mittelbare Theilnahme Sorge eines Vaters für sein Kind, denn so betrachte ich mich nun, und sinne hin und her, wie ich dieses mir theure Kleinod näher haben kann, um geschwinder und vorteilhafter auf ihn wirken zu können – allein wie schwer ist das für mich! – Nun ist meine Gesundheit auch seit 6 Wochen auf schwankenden Füßen so daß ich öfter an meinen Tod, jedoch nicht mit Furcht denke, nur meinem armen Karl sterbe ich zu früh. Wie ich aus ihren letzten Zeilen an mich sehe, leiden Sie wohl auch sehr, meine liebe Freundin. Es ist nicht anders mit den Menschen, auch *hier soll sich seine Kraft bewähren, d. h. auszuhalten ohne zu wissen und seine Nichtigkeit zu fühlen und wieder seine Vollkommenheit* zu erreichen, deren uns der Höchste dadurch würdigen will. – Linke[126] wird nun wohl schon bej ihnen sein, möge er ihnen Freude auf seinen Darmsaiten erwecken. – Brauchle[127] wird sich von Brauchen wohl nicht entfernen, und sie werden wie immer Tag und Nacht von ihm Gebrauch machen. – Was den Vogel betrifft, so höre ich, daß sie nicht mit ihm zufrieden sind, worin dieses besteht, weiß ich nicht, sie suchen wie ich höre einen anderen Hofmeister, übereilen sie sich doch nicht und machen sie mich mit ihren *Ansichten* und *Absichten* hierin bekannt, vieleicht kann ich ihnen gute Anzeigen machen, vieleicht thun sie aber dem *Sperl* im *Käficht* unrecht? – Ihre Kinder umarme ich und drücke es in einem Terzett aus[.] sie werden wohl täglich Fortschritte machen in ihrer Verwollkommung. – Lassen Sie mich recht bald, sehr bald wissen, wie sie sich auf dem kleinen *Nebelfleck der Erde*, wo sie jetzt sind, befinden, ich nehme gewiß, wenn ich es auch nicht immer gleich anzeige oder äußere, großen Anteil an *ihren Leiden* und *Freuden*. Wie lange bleiben Sie noch, wo werden Sie künftig leben? – Mit der Dedication der *Violonschell-Sonaten*[128] wird eine Veränderung geschehen, die Sie aber und mich nicht verändern wird.

Liebe theure Gräfin
in Eile ihr
Freund
Beethoven

Madame
la Comtesse d'Erdoedy
nee Comtesse Nizky
a
Padua (en Italie).

Werther Freund![129]

Meine Haushaltung sieht einem Schiffbruch beinahe ganz ähnlich oder neigt sich dazu: Sie wissen ich bin mit diesem Hause von einem sein wollenden jemand angeschmiert, dabei scheint meine Gesundheit sich auch nicht in der Eile wieder herstellen zu wollen; einen Hofmeister bei diesen Verhältnissen anzunehmen, dessen Inneres und Äußeres man nicht kennt und meines Karls Bildung Zufälligkeiten zu überlassen, das kann ich nimmermehr, so großer Aufopferung ich in mancher Hinsicht auch dadurch wieder ausgesetzt bin, also bitte ich Sie, daß Sie vom 9. an Karl wieder dieses Vierteljahr bei sich behalten. Ihren Vorschlag wegen der Cultivirung der Tonkunst werde ich insoweit annehmen, daß Karl zwei- auch drei Mal die Woche sich Abends gegen 6 Uhr von Ihnen entfernt und bei mir bleibt bis in den kommenden Morgen, wo er gegen 8 Uhr sich wieder bei Ihnen einfinden kann. Täglich würde es wohl zu anstrengend für K. sein, auch selbst für mich, da es immer um dieselbe Zeit sein muß, zu ermüdend und gebunden.

Während dieses Vierteljahrs werden wir uns naher besprechen was am zweckmäßigsten für K. ist und er und zugleich auch ich berücksichtigt werden kann, denn ich muß bei diesen sich noch immer verschlimmernden Zeitverhältnissen leider dieses Wort aussprechen; wäre Ihre Wohnung aber im Garten für meinen Gesundheitszustand passend gewesen, so wäre alles leicht geschlichtet gewesen. – Was meine Schuldigkeit für das jetzige Vierteljahr betrifft, so muß ich Sie schon bitten, daß Sie sich zu mir bemühen, um mich derer zu entledigen, da der Ueberbringer dieses von Gott das Glück hat, etwas dumm zu sein, welches ihm selbst man wohl gönnen kann, wenn nur andere dabei nicht ins Spiel kommen. – Was die andern Ausgaben für Karl betrifft, während seiner Krankheit oder was damit verbunden ist, damit bitte ich Sie sich nur einige Tage zu gedulden, indem ich von allen Seiten große Ausgaben jetzt habe. – wegen *Smettano*[130] möchte ich auch wissen wie ich mich gegen ihn in Ansehung seiner glücklich vollbrachten Operation zu verhalten habe, was seine Belohnung betrifft wäre ich reich oder nicht in dem Zustand wie alle, die ihr Schicksal an dieses Land gekettet hat (außer den *österreichischen Wucherern*), so würde ich gar nicht fragen, es ist hiermit nur ein ohngefährer Ueberschlag gemeint.

Leben Sie wohl ich umarme Sie von Herzen und werde Sie immer als einen Freund von meinem Karl ansehen.

Mit Achtung
Ihr
L. van Beethoven.

An Nanette Streicher

Nußdorf, d. 7ten Juli[131]

Meine werthe freundin![132]

Ihr schreiben erhielt ich hier und zwar darin ihren schlimmen fall bestätigt, ich hoffe, daß es sich bald bessere, warme laue Bäder heilen alle Wunden – das schlechte Wetter vorgestern hielt mich, da ich in der Stadt war, ab, zu ihnen zu kommen, ich eilte gestern Morgens wieder hieher, fand aber meinen Bedienten nicht zu Hause, er hatte den schlüßel zur Wohnung sogar mitgenommen. Es war sehr kühl, ich hatte nichts aus der Stadt als ein sehr dünnes Beinkleid am Leibe, u. so mußte ich mich 3 Stunden lang herumtreiben, dies schadete mir und machte mich den ganzen Tag übel auf. – Da sehen sie die Bedienten-Haußhaltungen! – so lange ich krank bin, wäre mir ein anderes Verhältniß zu anderen Menschen nöthig, so sehr ich sonst die Einsamkeit liebe, so schmerzt sie mich jetzt um so mehr, da das kaum möglich ist[,] mich bei all dem Medeciniren u. den Bädern so selbst zu beschäftigen wie sonst, hiezu kommt noch die ängstliche Aussicht, daß es sich vielleicht nie mit mir bessert, daß ich selbst zweifle an meinem jetzigen Arzt, er erklärt nun doch endlich meinen Zustand für *Lungenkrankheit*. Wegen einer Haushälterin will ich nochs überlegen, wäre man bei dieser gänzlichen moralischen Verderbtheit des österreichischen Staates nur einigermaßen überzeugt, eine rechtschaffene Person erwarten zu können, so wäre es leicht gemacht, aber – aber – !!! Nun eine große Bitte an Streicher, bitten sie ihn in meinem Namen, daß er die Gefälligkeit hat, mir eines ihrer *Piano* mehr nach meinem geschwächten Gehör zu richten, so stark als es nur immer möglich ist, brauch ichs, ich hatte schon lange den Vorsatz, mir eins zu kaufen, allein in dem Augenblick fällt es mir sehr schwer, vielleicht ist es mir jedoch etwas später eher möglich, nur bis dahin wünschte ich eins von ihnen *geliehen zu haben,* ich will es durchaus nicht umsonst, ich bin bereit, ihnen das, was man ihnen für eins gibt, auf 6 Monathe in Konvenz-Münze voraus zu bezahlen. vielleicht wissen Sie nicht, daß ich, obschon ich nicht immer ein *Piano* von ihnen gehabt, ich die ihrigen doch immer besonders vorgezogen seit 1809 – Streicher allein wäre im Stande mir ein solches *Piano* für mich zu schicken, wie ichs bedarf – Es fällt mir überhaupt schwer, jemanden beschwerlich zu fallen, da ich gewohnt bin, eher für andere etwas zu thun, als von andern etwas für mich thun zu laßen – was Sie mir für Vorschläge hierüber machen werden, ich werde sie annehmen und ihre Bedingnisse gern erfüllen. – Viel Dank für ihre mir geliehnen 20 fl., auch der Löffel folgt, welchen ich hier zurücksende, ich werde sie bald auf einen Augenblick sehen – ich emphele mich allen den Ihrigen

ihr freund u. *Diener*
L. v. Beethoven.
an die fr. v. Streicher

An Wilhelm Gerhard in Leipzig

Nußdorf am 15ten Juli 1817.

Euer Wohlgeboren![133]

Sie haben mich einmal beehrt mit einer Bitte an mich, einige ihrer anakreontischen Lieder in Musik zu setzen, sehr beschäftigt, war es mehr Unmöglichkeit als Unhöflichkeit ihnen hierauf nicht zu antworten, zu willfahren ihren Wünschen war noch schwerer, da diejenigen Texte, die sie mir zusendeten, wirklich am wenigsten zum Gesang sich eigneten, die Beschreibungen eines Bildes gehört zur Mahlerey, auch der Dichter kann sich hierin vor meiner Muse glücklich schätzen, dessen Gebiet hierin nicht so begränzt ist, als das meinige, so wie es sich wieder in andere Regionen weiter erstreckt und man unser Reich nicht so leicht erreichen kann – Zum Theil ist meine seit beinahe 4 Jahren immerwährende Kränklichkeit Schuld, wenn ich so manches mir zukommende nur stillschweigend beantworten kann – seit vorigen Oktober 1816 hat sich meine Kränklichkeit noch vermehrt, ich hatte einen starken Entzündungskatharr und daher noch Lungenkrankheit, dies alles, damit sie mich nicht ungefällig glauben, oder sonst, wie viele andere, mich verkennen.

Mit Achtung
Ihr ergebener
Ludwig van Beethoven

An Seine Wohlgebohrn
Herrn Wilhelm Gerhard in Leipzig
(in Sachsen)

An Nanette Streicher

Wien, am 20. Juli 1817.

Mein werte Freundin!

Ich konnte wegen dem schlechten Wetter nicht eher als Donnerstag hereinkommen, und sie waren schon fort von hier. – – Welcher Streich von der Frau Streicher!!!! Nach Baden???!!! Also in Baden! –

Mit Ihrem Manne habe ich gesprochen. Seine Teilnahme an mir hat mir wohl und wehe getan, denn beinahe hätte mir Streicher meine Resignation erschüttert. Gott weiß, was es geben wird. Da ich aber immer andern Menschen beigestanden, wo ich nur konnte, so vertraue ich auch auf seine Barmherzigkeit mit mir. – Wegen der Haushälterin, die Sie kennen und wenigstens als brav geprüft haben, könnte man ja das Kochen versuchen, ehe sie zu mir käme. Dieses läßt sich nun nicht eher bewerkstelligen, bis Sie wieder in die Stadt kommen; wann? Übrigens lassen Sie sich nicht durch Ihren Mann zu gewissen Ehestreichen verführen –

Wegen der Wohnung wäre es auch Zeit. In der Gärtnergasse gibt es auch auf der gegenüberliegenden Seite Wohnungen, wo man wirklich eine außerordentlich schöne Aussicht genießen würde. Das alles beruht auf Ihrem Wiederkommen. Wie haben Sie denn Ihre Briefe an mich nach Nussdorf besorgt? – Halten Sie Ihre Tochter fleißig an, daß sie eine Frau werde. – Heute ist eben Sonntag: soll ich Ihnen noch etwas aus dem Evangelium vorlesen »Liebet euch untereinander« usw. usw.? – Ich schließe und emphele mich Ihnen und Ihrer besten Tochter bestens, wünsche Ihnen Heilung aller Ihrer Wunden.

Kommen Sie an die alten Ruinen, so denken Sie, daß dort Beethoven oft verweilt; durchirren Sie die heimlichen Tannenwälder, so denken Sie, daß da Beethoven oft gedichtet oder, wie man sagt, komponiert[134].

In Eil
Ihr Freund und Diener
L. v. Beethoven

Beste Frau von Streicher!

Beiliegender Brief hat Ihnen vorigen Sonntag, wie Sie aus dem Datum sehen, sollen geschickt werden. – Was die Frau von Stein anbelangt, so bitte ich selbe, daß sie den Herrn von Steiner nicht versteinern soll lassen, damit er mir noch dienen könne, oder die Frau von Stein möchte nicht zu sehr von Stein sein in Ansehung des Herrn von Steiner usw.[135]

Was meine Gesundheit anbelangt, so ist es wohl sicher, daß sich Symptome der Besserung zeigen; allein das Hauptübel ist noch da und ich fürchte, ohne je gehoben werden zu können. – Beste Frau von Streicher, spielen Sie Ihrem Männchen keine Streiche – sondern heißen Sie lieber gegen jedermann Frau von Stein!!! Künftigen Mittwoch und Donnerstag bringe ich in der Stadt zu, wo ich mit Streicher wieder reden werde. – Wegen der Haushälterin wünschte ich Sie hier, d. h. als Nebenursache, so sehr ich mich mit Ihnen freue, daß Sie die Badener Luft genießen. Wann werden Sie unterdessen mich hier wieder mit Ihrer Gegenwart erfreuen? –

Alles Schöne Ihrer lieben Tochter und Hern von Streicher!

Ihr Freund und Diener
Beethovem

Wo sind meine Bettdecken?

An Nanette Streicher

Mödling am 18. Juni 1818.

Beste Frau v. Streicher!

Es war nicht möglich, Ihnen eher zu schreiben auf Ihr Letztes. Ich hätte Ihnen schon einige Täge zuvor als die Dienstboten weggejagt wurden geschrieben, zauderte aber immer noch mit meinem Entschluß, bis ich gewahr wurde, daß besonders Frau D...[136] Karl[137] abhielte alles zu gestehen; »die Mutter sollte er doch schonen« sagte sie ihm, ebenso wirkte die Peppi mit; natürlich wollten sie nicht entdeckt werden; beide haben schändlich mitgespielt, und sich brauchen lassen von der Frau van Beethoven; beide empfingen Kaffee und Zucker von ihr, die Peppi *Geld,* die *Alte* vermuthlich auch dasselbe; denn es unterliegt gar keinem Zweifel, daß sie bei der Mutter Karls *selbst* gewesen; sie sagte auch zu Karl daß, *wenn ich sie* aus dem Dienst jagte, *sie gleich zu seiner Mutter gehen würde.* Dies geschah bei Gelegenheit, als ich ihr ihr Betragen verwiesen, womit ich öfter Ursache hatte unzufrieden zu sein. Die Peppi, welche öfters lauschte, was ich mit Karl sprach, schien versucht zu werden, die Wahrheit gestehen zu wollen, allein die *Alte hielt ihr ihre Dummheit vor und zankte sie tüchtig aus* – und so verstockte sie wieder, und suchte mich auf falsche Spuren zu bringen. – Die Geschichte dieser abscheulichen Verrätherei kann beinahe 6 Wochen gedauert haben, beide würden nicht so bei einem weniger großmüthigen Menschen davon gekommen sein. Die Peppi erhielt von mir 9 oder 10 fl. für Hembdentuch, die sie aufnahm, und ich ihr hernach schenkte, und erhielt statt

60 fl : 70 fl.; sie hätte schon können sich diese elenden Bestechungen versagen. Bei der Alten, die sich überhaupt am schlechtesten benommen, mag wohl Haß mitgewirkt haben, da sie sich immer zurückgesetzt glaubte, (ohnerachtet sie mehr erhalten als sie verdient), denn selbst durch ihr *hohnlächelndes Gesicht an einem Tage,* als mich Karl umarmte, ahndete ich *Verrätherei,* und wie schändlich eine solche alte Frau, wie heimtükisch sie sein konnte. Stellen Sie sich vor, 2 Täge vorher als ich hierher mich begab, ging Karl ohne mein Wissen nachmittags zu seiner Mutter, und sowohl die Alte als Peppi wußten es ebenfalls. Aber hören Sie den Triumpf einer greisen Verrätherin; als ich mit Karl und ihr hierher fuhr, sprach ich mit Karl über die Sache im Wagen, obschon ich noch nicht alles wußte, und indem ich Furcht äußerte, daß wir in Mödling nicht sicher würden sein, rief sie aus, *»ich sollte mich nur auf sie verlassen«.* O der Schändlichkeit! Nur zweimal mit diesemmal ist mir in dem sonst ehrwürdigen Alter beim Menschen nur *so etwas* vorgekommen. – Mehrere Täge vorher, als ich beide wegjagte, hatte ich ihnen schriftlich aufgesetzt, daß sich keine unterstehen sollte, von der Mutter Karls irgend etwas an ihn anzunehmen. Die Pepi statt in sich zu gehen, suchte sich heimlich an Karl zu rächen, indem er schon alles gestanden hatte, welches ihnen deutlich wurde, indem ich aufgeschrieben auf obiges Blatt *alles sei entdeckt.* – Ich erwartete, daß sie beide mich um Verzeihung nach diesem bitten würden; statt dessen spielten sie uns eine um die andere schlimme Streiche. Da nun keine Besserung bei solchen verstockten Sünderinnen zu erwarten war und ich jeden Augenblick eine neue Verrätherei erwarten mußte, so

beschloß ich meinen Körper, meine Gemächlichkeit dem bessern Ich meines armen verführten Karl aufzuopfern, und Marsch zum Hause hinaus zum *abschreckenden Beispiel* aller Künftigen. – Ich hätte das Attestat weniger vortheilhaft machen können, aber bewahre, ich habe jeder volle sechs Monate angesetzt, obschon es nicht so war. Rache übe ich nie aus; in Fällen, wo ich muß *gegen* andere Menschen handeln, thue ich nichts mehr *gegen sie* als was die Nothwendigkeit erfordert, mich vor ihnen zu bewahren, oder sie verhindert weiter Uebeles zu stiften. – Um der Peppi ihre sonstige Redlichkeit ist mirs leid, sie verlohren zu haben, daher ich ihr Attestat noch vortheilhafter als der Alten gemacht habe, und sie auch scheint von der Alten mehr verführt worden zu sein. Daß es aber mit der Peppi ihrem Gewissen schlecht gestanden, erhellt daraus, daß sie zu Karl sagte, *»sie getraue sich zu ihren Eltern nicht mehr zu gehen,« und wirklich ist sie noch hier, wie ich glaube.* – Spuren von Verrätherei hegte ich schon lange, bis ich den Abend vor meiner Abreise einen anonymen Brief empfing, welcher mich mit Schrecken erfüllte durch seinen Inhalt; allein es waren mehr Vermutungen. Karl, den ich gleich Abends faßte, entdeckte gleich aber doch nicht alles. Da ich ihn öfter erschütternd nicht ohne Ursache behandle, so fürchtete er sich zu sehr, als daß er ganz alles gestanden hätte. Ueber diesem Kampf langten wir hier an. Da ich ihn öfter vornahm, so bemerkten die Dienstboten dieses, und besonders die alte Verrätherin suchte *ihn* abzuhalten, die Wahrheit *nicht* zu gestehn. Allein da ich Karl heilig versicherte, daß ihm alles vergeben sei, wenn er nur die Wahrheit gestände, indem Lügen ihn in einen noch tiefern Abgrund als worin er schon gerathen, stürzen würde, so kam alles ans Tageslicht. Knüpfen Sie nun die noch früher ihnen angegebenen Data über die Dienstboten hier an, und Sie haben die ganze schändliche Geschichte beider Verrätherinnen klar vor sich. – Karl hat gefehlt, aber – Mutter – Mutter – selbst eine schlechte bleibt doch immer Mutter. – In so fern ist er zu entschuldigen, besonders von mir, da ich seine ränkevolle leidenschaftliche Mutter *zu gut* kenne. – Der Pfaffe[138] hier weiß schon, daß ich von ihm weiß, denn Karl hatte mir es schon gesagt. Es ist zu vermuthen, daß er nicht ganz unterrichtet war, und daß er sich hüthen werde, allein um damit Karl nicht übel von ihm behandelt werde, da er überhaupt etwas roh scheint, so ist es für jetzt genug. Da aber Karls Tugend auf die Probe gesetzt, denn ohne Versuchungen gibt es keine Tugend, so lasse ich es mit Fleiß hingehen, bis es noch einmal (was ich zwar nicht vermuthe) geschehe wo ich dann seiner Hochwürd. ihre Geistlichkeit mit solchen geistigen Prügeln und Amuletten und mit meiner ausschlüßlichen Vormundschaft und daher rührenden Privilegien so erbärmlich zurichten werde, daß die gantze Pfarrei davon erbeben soll. – Mein Herz wird schrecklich bei dieser Geschichte angegriffen, und noch kann ich mich kaum erholen. – Nun von unsrer Haushaltung; sie bedarf Ihrer Hülfe. Wie wir es brauchen, wissen Sie schon. Lassen Sie sich nicht abschrecken, ein solcher Fall kann sich überall zutragen; ist es aber einmal geschehen und man kann den nachkommenden Dienstboten *dieses* vorhalten, so wird es sich schwerlich mehr ereignen. – Was wir brauchen wissen Sie, vielleicht die Französin, und was sich dann zum Stubenmädchen findet. Die gute Kocherei bleibt eine Hauptsache, – selbst in Ansehung der Oekonomie. Für jetzt haben wir hier eine Person, die uns zwar kocht aber schlecht. Ich kann Ihnen heute nicht mehr schreiben. Sie werden wenigstens sehen, daß ich *hier* nicht anders handeln konnte; es war zuweit gekommen. – Ich lade Sie noch nicht ein hierher, denn alles ist in Verwirrung; jedoch *wird man nicht nöthig haben mich in den Narrenthurm zu führen*. Ich kann sagen, daß ich schon in Wien schrecklich wegen dieser Geschichte gelitten und daher nur still für mich war. – Leben Sie recht wohl; machen Sie nichts bekannt, da man [auf] Karl nachtheilig schließen könnte; nur ich da ich alle Triebräder hier kenne, kann *für ihn* zeugen, daß er auf das schrecklichste verführt ward. – Ich bitte uns bald etwas Tröstliches wegen der Koch- Wäsch- Näh-Kunst zu schreiben. Ich befinde mich sehr übel und bedarf bald einer Magen-Restauration.

In Eil ihr Freund
Beethoven

An den Wiener Magistrat

Wien, am 1. febr. 1818[139]

Wohllöblicher Magistrat![140]

Da ich von der künftigen Erziehung reden soll, so scheint mir am Zweckmäßigsten von der schon jetzt bestehenden anzufangen, woraus erhellet, daß jede andere veränderung nur zum *Nachtheile* meines Neffen dienen kann, daß er einen Hofmeister habe, ist schon angezeigt worden, welchen er auch fortwährend behält, damit aber sein Eifer noch mehr erweckt werde, so lasse ich ihn in Begleitung des Hofmeisters seine Studien bei Hr. v. Kudlich dem Vorsteher eines Instituts in meiner Nähe auf der Landstraße fortsetzen[141], er ist hier nur in Gesellschaft eines einzigen Knaben dem Sohne eines Baron Lang, und unter beständiger Aufsicht, während der Zeit er sich dort befindet, hiebey kommt ihm noch besonders zu gute, daß Hr. v. Kudlich ganz nach der gründlichen Methode bei der Universität lehrt oder selbe ausübt, welche alle kenner wie auch ich für die Beste halten, und welche öfter nicht jeder Hofmeister besitzt, und daher für den Zögling einige Störungen bey den Prüfungen entstehen, hiezu kommt nun noch der besondere Unterricht im französischen und im Zeichnen, in der Musik, und so ist er den ganzen Tag nicht allein nützlich u(nd) angenehm beschäftigt, sondern auch unter *beständiger so nöthiger* Aufsicht, überdies habe ich einen Vater von geistlichen gefunden, der ihn über seine pflichten als *christ als Mensch* noch besonders unterrichtet, denn nur auf diesem Grunde können *ächte Menschen* gezogen werden, später gegen den Sommer zu wird er sich auch schon im Griechischen umsehen, man sieht wohl, daß keine Kosten von mir gescheut werden, um den schönen Zweck, einen nützlichen und gesitteten Staatsbürger dem Staate zu geben, zu erreichen, die *jetzige Einrichtung* läßt nichts zu wünschen übrig. Es braucht daher *keiner Veränderung,* sollte ich aber die Nothwendigkeit davon einsehen, so werde ich das noch bessern, auf das *gewissenhafteste vorschlagen u(nd) besorgen,* – jeder Mensch, der kein

Handwerker wird, er mag werden, was er will, muß wenigstens 5–6 Schulen studirt haben, in dieser Zeit läßt sich denn bemerken, wozu Neigungen u(nd) Anlagen führen, wird er ein Staats-Beamter, wird er ein Gelehrter, so kann der Grund nie anders als *auf diese Art* gelegt werden, die außerordentliche Anlage und zum Theil wieder seine Eigenheiten erfordern auch außerordentliche Mittel, u(nd) nie handelte ich wohlthätiger u(nd) größer, als eben da, wo ich meinen Neffen zu mir genommen u(nd) selbst seine Erziehung besorgte, hat (nach Plutarch) ein philippus seiner nicht Unwerth geachtet, die Erziehung seines Sohnes Alexander selbst zu leisten, u(nd) ihm den großen Aristoteles zum Lehrer zu geben, weil er die gewöhnlichen Lehrer hiezu nicht geeignet fand, hat ein Laudon *selbst* die Erziehung seines Sohnes geleistet, warum sollten d. g.[142] schöne erhabene Erscheinungen nicht auch aus andern wieder hervorgehen, Mein Neffe war schon bey seines Vaters Lebzeiten an *mich von ihm* angewiesen, u(nd) ich gestehe, ich fühle mich mehr als irgend jemand dazu berufen meinen Neffen schon durch *mein eigenes Beyspiel* zur *Tugend u(nd) Thätigkeit* anzufeuern. *Konvickte u(nd) Institute* haben für ihn nicht genug Aufsicht, u(nd) alle Gelehrte, worunter sich ein Professor Stein, ein Professor (der Pädagogik) Simerdinger befindet, stimmen mit mir überein, daß *es für ihn dort durchaus nicht geeignet* sey, ja *sie* behaupten sogar, daß der meiste Theil der Jugend *verdorben* von dort herauskomme, ja sogar manche, als *gesittet ein [-]* u(nd) als *ungesittet* wieder *heraustreten, leider* muß ich diesen *Erfahrungen u(nd) Ansichten* dieser Männer und *mancher Eltern beytreten;* – hätte die Mutter ihre

Bösartigkeit unterdrücken können u(nd) meinen Anstalten ruhige Entwicklung zugelassen, so würde jetzt schon ein ganz günstiges Resultat aus meinen bisherigen Verfügungen hervorgegangen seyn, wenn aber eine *Mutter von dieser Art* ihr Kind sucht, in die Heimlichkeiten ihrer gemeinen und selbst schlechten Umgebungen zu verwickeln ihn zur Verstellung in diesen zarten Jahren (eine Pest für die Kinder!!!) zur Bestechung meiner Dienstboten *zur Unwahrheit* verführt, indem sie ihn *verlacht,* wenn er die Wahrheit sagt, ja *ihm* selbst *Geld* gibt, im Lüste und Begierden zu erwecken, welche im schädlich sind, *ihm* sagt, daß das lauter Kleinigkeiten sind, was ihm *bey mir* u(nd) *andern* als *große Fehler* angerechnet werden, so ist dies ohnehin schwere Geschäft noch schwerer u(nd) gefährlicher, man glaube aber nicht, daß, als mein Neffe im Institut war, sie sich anders betragen habe, doch auch *hiefür* ist ein neuer *Damm* angelegt worden, außer dem Hofmeister wird eine frau von Stande in mein Hauß eintreten, welche die Haushaltung besorgt, u(nd) welche sich keineswegs bestechen *von ihr* laßen wird, u(nd) so die aufsicht für meinen Neffen noch vermehret wird, heimliche Zusammenkünfte des sohnes mit der Mutter bringen immer nachtheilige Folgen hervor, allein *dies nur will* sie, weil sie unter wirklich wohlgesitteten u(nd) *gutgearteten Menschen* sich gerade am *schlechtesten* zu *befinden* scheint. – Es sind so viele mich entehrende Beschuldigungen vorgekommen u(nd) von *solchen Menschen,* daß ich darüber *garnicht* einmal sprechen sollte, indem mein Moralischer Karakter nicht allein allgemein u(nd) öffentlich anerkannt, sondern selbst vorzügliche schriftsteller wie Weißenbach

u. a. es der Mühe werth hielten, darüber zu schreiben, u(nd) daß nur *Partheylichkeit* mir etwas *mich erniedrigendes zumuthen* kann, ohnerachtet dessen halte ich für nöthig, manches dahin Zielende zu erläutern – was meines Neffen Vermögen betrift, so hat er 7000 fl. W. W. auf dem verkauften Hause seiner Mutter liegen, wovon die Mutter die Nutznießung hat, außerdem hat er 2200 fl. W. W. in Münzobligationen, u(nd) die Hälfte der Pension der Mutter, was die 2200 fl. betrift, so waren es nur 2000 fl. W. W., welche ich aber mit Kosten (wie bey den L. R. angezeigt) in Münze zu 2200 fl. umgesezt habe, sowohl die Hälfte der Pension als die 2000 fl: sind nicht als eine Entschädigung für den 4ten Theil an dem verkauften Hause u(nd) für den 4ten Theil vom Haußzins, wovon er nie etwas erhalten, so lange die Mutter das Hauß hatte, welches sie von 1815 im November bis 1818 u(nd) wohl 7–8 Monathe darüber *ganz für sich* beseßen, ohnerachtet dem sohne immer der 4te Theil des Haußzinses gebührte; – man sieht hieraus, daß der Vergleich eben nicht der vortheilhafteste für ihn war, denn stirbt oder heirathet die Mutter, so verliehrt er den ganzen Theil der Pension, Es war aber mit Menschen, deren Unredlichkeit die L. R.[143] schon bey der Inventur einsehen, nichts zu machen, u(nd) man mußte sich noch freuen, *dieses* dem Kinde gerettet zu haben, ohnehin habe ich nur immer auf *sein Seelenheil* gedacht, d. i. ihn dem Einfluße der Mutter zu entziehen, glücksgüter laßen sich erwerben, *Moralität* muß aber früh (besonders wenn ein Kind schon das Unglück hatte *diese Muttermilch* einzusaugen ja mehrere Jahre unter ihrer obhut u(nd) unter selber gänzlich *gemißbraucht* wurde, *selbst* den Vater *mit betriegen* helfen mußte) *eingeimpft* werden, u(nd) ohnehin (be)erbt er *mich,* selbst jetzt schon würde ich ihm so viel hinterlaßen, daß er *davon allein ohne zu darben* seine Studien bis zur Zeit einer Anstellung fortsetzen könnte, nur *Ruhe u(nd) keine weitere* Einmischung der Mutter ist alles, was wir brauchen, u. gewiß bald wird das *schöne von mir vorgesteckte Ziel* erreicht werden. – Da man auch über das was ich schon erhalten gesprochen, so ist dieses leicht zu berechnen, im May 1817 ward der Vergleich geschlossen, im Monathe 8ber 1817 wurden die Rückstände der Pension der Mutter ausbezahlt, allein sie wollte nicht bezahlen, u(nd) ich mußte sie gerichtlich dazu zwingen, die Rechnung davon befindet sich ebenfalls unter den Papieren von den L. R. u(nd) nur ein unbeträchtlicher Theil blieb noch übrig, 1818 am 19ten May bezog ich das erste von der Pension, u(nd) ebenfalls 1818 im februar das erste von den Interessen der Münzoblig. u(nd) nun habe ich seit 6 vollen Monathen keinen Heller von der Pension erhalten, indem sie selbe nicht genommen, wie schon früher auch, u(nd) ich selbe *nur nach ihr* erheben kann, man sieht hieraus, daß ohnerachtet dieses mein Neffe in meinen Anstalten für die Erziehung nicht im *mindesten leidet.* Es ist auch zu ersehen, daß mancher Graf u(nd) Baron sich dieser Erziehungs-Anstalten nicht schämen dürfte, u(nd) es gibt Edelleute, welche *diesen Aufwand* weder machen noch auch machen können, ich rechne garnicht auf diesen armseligen Beytrag, mein früherer Vorsatz war, ihr die ganze Pension aus meinem Sacke zu bezahlen, allein ihre Unmoralität[,] ihr schlechtes Benehmen gegen *ihr eignes Kind* u(nd) mich hat mich belehrt, daß dies nur die Mittel zu *ihren Ausartungen* noch befördern würde. – Aus dem Testamente meines armen unglücklich gewordenen Bruders (durch *Sie*) geht hervor, wie sehr darin meine Wohlthaten anerkannt, die ich ihm erwiesen, u(nd) wie sehr er mir dafür gedankt, nun – ich habe sie auch auf seinen sohn übergehen laßen, gleich nach seinem Tode, welcher 1815 am 15ten Novemb(er) erfolgte, sorgte ich schon für ihn noch während seines Aufenthaltes bey seiner Mutter schon nicht ohne beträchtliche Ausgaben, u(nd) sobald er aus dem Hause in das Institut kam, u(nd) alsdann zu mir ward seine Erziehung *ganz auf meine Kosten* bis beynahe 1818 bestritten, was für einen Zweck könnte ich bey diesem elenden *Beytrage,* der hier beygelegt ist, haben, welcher Eigennutz ist mir zuzuschreiben, gewiß kein anderer, als den ich bey meinem Bruder hatte, *wohlzuthun* u(nd) das doppelte Bewußtseyn, *gut gehandelt,* u(nd) dem Staate einen würdigen Bürger erzogen zu haben! – Nach Anfechtung auch sogar der *Vormundschaft* ist ebenfalls aus dem Testamente zu ersehen, daß mein Bruder mich als *alleinigen* Vormund darin eingesetzt, das Kodizill – Es wurde ihm in Todesschwäche schon begriffen entrissen, u(nd) *mein Eid* u(nd) der *Eid einer Frau* können es bestätigen, daß er *mich mehrmal* in die Stadt geschickt, um *selbes zurückzunehmen bey Dr: Schönauer;* Dr: Adlersburg, welchen die L. R. *zum Mit-Curator,* weil sie *kein Vertrauen* zu *ersterem* hatten, vorschlugen, nahm gar kein Bedenken, diesen Umständen, obschon nicht die erforderliche Zahl Zeugen war, gänzlichen *gerichtlichen glauben* u(nd) *Gültigkeit* beyzumessen u(nd) sie als *Gegenstände* in seiner schrift *wider das Kodicill* anzuführen, obschon ohnehin die *Gesetze überhaupt die Mutter von der Vormundschaft ausschließen,* und demzufolge Sie auch von den L. R. von allem *Einfluße* auf *Erziehung* u(nd) *Umgang* ausgeschloßen wurde, wollte man hieran ändern, so entstände wieder große gefahr für den Knaben, u(nd) – *an der Mutter ist durchaus nicht mehr zu bessern, sie* ist *zu* verdorben, wohl aber kann die zarte Pflanze mein Neffe in ihrem Aufblühen durch *giftiges Anhauchen* zerknickt werden, u(nd) keine kleine Verantwortlichkeit wäre es *ihn* in *diesen Zustand* zu versetzen, ich könnte leichtsinnig u(nd) endlich ermüdend mich finden laßen, bey so vielen Schikanen Verleumdungen, jedoch nein, ich will beweisen, daß welcher *gut u(nd) edel* handelt, auch *dafür Mißhandlungen ertragen* kann, u(nd) *nie sein edles vorgestecktes Ziel* aus den *Augen verlieren muß, geschworen* habe ich *sein Bestes* zu vertreten bis an das *Ende meines Lebens,* u(nd) wenn auch nicht, so läßt sich von meinem *Karakter u(nd) meinen Gesinnungen nur dasjenige* erwarten, was für *meinen Neffen in allen Beziehungen das Vortheilhafteste ist[.]* – Sollte ich nun noch von den Intriguen eines Hr. Hofkonzipisten Huschowa[144] *gegen mich* sprechen, oder von einem *Pfarrer von Mödling*[145], welcher verachtet von seiner Gemeinde, im Rufe steht, *verbotenen Umgang zu haben,* seine Schüler auf die Bank soldatenmäßig legen läßt, um abgeprügelt zu werden, u(nd) *mir* nicht verzeihen konnte, daß ich *ihn* übersah u(nd) durchaus meinen Neffen *nicht mit Prügel viehisch* behandelt haben wollte, sollte ich? nein[.] schon die Verbindung beyder Männer mit der Frau van Beethoven ist *Zeugniß* genug wider *sie beyde,* u(nd) gerade *nur solche* konnten sich auch *mit ihr wider mich* verbinden. – ich wiederhole hier, daß ich *unerschütterlich* das mir schöne vorgesteckte Ziel, die *Wohlfahrt meines Neffen* betreffend, in *intellektueller[,] Moralischer* u(nd) *phisischer* Hinsicht, verfolgen werde, jedoch bedarf nichts so sehr eines *ruhigen Ganges* als *Erziehung*, hierzu gehört mit, daß die Fr. v. Beethoven *einmal für allemal abgewiesen* werde, welches der Zweck der *letzten Kommißion* bei den L. R. war, um welche *ich selbst* gebeten und selbe *selbst mit* veranstaltet habe, damit aber auch von meiner Seite geschehe, was diese *erwünschte Ruhe* befördert, so werde *ich selbst* einen *Mit-Vormund* vorschlagen, *welchen* ich heute schon genennet hätte, wäre ich nicht *unschlüßig über die Wahl desselben* – Was das *Appelliren* betrift, so steht das natürlich *jedem* frey, ich fürchte *dieses* gar nicht, werde aber sobald das *mit mir* auf's engste Zusammenhängende Wohl *meines Neffen* gefährdet werden sollte, ebenfalls sogleich die Appellation ergreifen, zwischen *einem Gesetze überhaupt* u(nd) *seinen Folgen* wird an *keinem Orte ein Unterschied* gemacht werden – eine *gänzliche Abweisung* der Fr. v. Beethoven wird immer noch ein *günstiges anderes Resultat* herbeyführen, denn einsehend, daß ihre Kabalen *das gute nicht unterdrücken* können, wird sie Großmuth *u(nd) Schonung* schon so oft *an ihr von mir* versucht, nicht ferner mehr verschmähen, u(nd) dieses *unangenehme Dunkel* würde so viel, als es die Umstände zulassen, in *einen heitern Tag verwandelt werden können,* möge doch aus allem hervorgehen, daß, wie ich schon Wohlthäter des Vaters meines Neffen war, ich noch *ein viel größerer Wohlthäter seines* Sohnes verdiene genannt zu werden, ja mit Recht *sein Vater,* kein heimliches noch öffentliches Interesse kann mir dabey *als für das gute selbst* zugeschrieben werden, ja die L. R. haben dieses selbst eingesehen, u(nd) mir Dank abgestattet für meinen Vatersorge. –

Ludwig van Beethoven
Vormund
meines Neffen
Karl van Beethoven

An den Wohllöblichen Magistrat der k. k. Residenzstadt Wien
Ludwig van Beethoven
in vormundschaftlicher Angelegenheit
(nebst einer Beylage)

An Ernst Theodor Amadeus Hoffmann[146]

Wien den 23. März 1820

Ich ergreife die Gelegenheit durch Herrn N.[147] mich einem so geistreichen Manne wie Sie sind zu nähern. Auch über meine Wenigkeit haben Sie geschrieben, auch unser Herr N. N. zeigte mir in seinem Stammbuche einige Zeilen von Ihnen über mich. Sie nehmen also wie ich glauben muß einigen Antheil an mir. Erlauben Sie mir zu sagen daß dies von einem mit so ausgezeichneten Eigenschaften begabten Manne Ihresgleichen mir sehr wohl thut. Ich wünsche Ihnen alles Schöne und Gute und bin

Ew. Wohlgeboren
mit Hochachtung ergebenster
Beethoven

An Bernhard Romberg

Am 12. Febr. 1822

Lieber Romberg! [148]

Ich bin diese Nacht wieder von den bei mir in dieser Jahreszeit gewöhnlichen Ohrenschmerzen befallen worden, Deine Töne selbst würden für mich heute nur Schmerz sein, diesen nur schreibe es zu, wenn Du mich nicht selbst siehst. – Vielleicht ist's in ein paar Tägen besser, wo ich Dir dann noch lebewohl sagen werde – wenn Du mich übrigens nicht zum Besuch bei Dir gesehen hast, so bedaure die Entlegenheit meiner Wohnung, meine... gesetzten Beschäftigungen, um so mehr, da ich ein ganzes Jahr hindurch krank war, wodurch ich in so manchen begonnenen Werken aufgehalten wurde – und am Ende braucht es der nichtssagenden Complimente zwischen uns ohnehin nicht – ich wünsche Dir zu dem vollen Tribut des Beifalls deiner hohen Kunst auch die metallische Anerkennung, was jetzt selten der Fall ist; – wenn ich nur ein wenig kann, so sehe ich dich samt Deiner Gattin und Kindern, welche ich hier von Herzen grüße, gewiß noch

Leb wohl
großer Künstler
wie immer
der Deinige
Beethoven

An Johann van Beethoven

Wien am 26. Juli 1822.

Lieber Bruder!

Aeußerst beschäftigt u(nd) bequem in allem mit wohnung und mit meinen Leuten, welche bejde äußerst ungeschickt sind, konnte ich Dir noch nicht schreiben. Meine Gesundheit betreffend, so geht es besser, ich muß seit einigen Tägen johannes-Brunnenwasser trinken, die Pulver des Tags 4 mal nehmen, und nun soll ich nach Baden dort 30 Bäder brauchen; wenn es *möglich* ist zu bewerkstelligen, so begebe ich mich bis 6. oder 7. august dahin. Könntest du nur kommen auf einige Täge mir zu helfen, jedoch wird dir der Staub und die Hitze zu stark sein, wäre das nicht du könntest mit mir in Baden in 8 Täge zubringen *ad tuum libitum,* hier habe ich noch die Correcturen zu besorgen von der Meze[149], ich erhalte 1000 fl. C. M. dafür von *Peters*[150], so wie er auch noch von andern kleinen Werken nimmt, er hat schon hier 300 fl. C. M. angewiesen. Könntest du nur die Briefe lesen, ich habe aber das Geld noch nicht genommen, auch Breitkopf und Härtel haben den sächseschen *Chargé d'affaire*[151] wegen Werken zu mir geschickt, auch von Paris habe ich Aufforderungen wegen Werken von mir erhalten auch von Diabelli in Wien, kurzum man reißt sich um Werke von mir, *welch unglücklicher glücklicher* Mensch bin ich!!! – auch dieser Berliner hat sich eingestellt – wird nur meine Gesundheit gut, so dürfte ich noch auf einen grünen Zweig kommen –

Der Erzherzog Kardinal[152] ist hier, ich gehe alle Woche 2 Mal zu ihm, von Großmuth und Geld ist zwar nichts zu hoffen, allein ich bin doch auf einem so guten vertrauten Fuß mit ihm, daß es mir äußerst wehe thun würde, ihm nicht etwas angenehmes zu erzeigen, auch glaube ich ist die anscheinende Kargheit nicht seine Schuld. – ehe ich nach Baden gehe, brauchte ich Kleidungen, weil ich wirklich gar ärmlich dran bin, selbst auch an Hembden wie du schon gesehn, frag deine Frau was sie von dieser Leinwand hält, sie kostet die Ehle 48 Xr. W. W. – Wenn du kommen kannst, so komme, jedoch ohne dir Leides zuzufügen, im September komme ich zu dir mit Carl, wenn ich nicht nach Ollmütz zum Cardinal gehe, welches er sehr erwünscht. – Wegen der Wohnung, da sie schon genommen ist, so mag's seyn, ob Sie aber eben auch gut für mich ist, ist eine Frage? Die Zimmer gehn in den Garten, nun ist aber Gartenluft gerade die unvorteilhafteste für mich, alsdann ist der Eingang durch die Küche zu mir, welches sehr unangenehm und unzuträglich ist – und nun muß ich ein 4tel Jahr für nichts bezahlen, hierfür werden wir denn, Karl und ich, wenns möglich, uns bei dir in Krems einfinden und wacker drauf los leben, bis dieses Geld wieder eingebracht, d. h. wenn ich nicht nach Mähren gehe. – Schreibe doch sogleich nach Empfang dieses, grüße mir die Deinigen, müßt ich nicht nach Baden, so wäre ich gewiß schon künftig. Monath zu dir gekommen, nun aber ist es einmal nicht anders, wenn du kannst, so komme, es wäre mir große Erleichterung, schreibe gleich – lebe recht wohl, ich umarme dich von Herzen und bin

wie immer dein treuer Bruder
Ludwig

An Johann van Beethoven

[1822]

Ich hoffte dich gewiß zu sehen – aber vergebens – Auf Staudenheims Verordnung muß ich noch immer Medizin nehmen, und darf mich eben nicht zuviel bewegen – ich bitte dich statt heute in Prater zu fahren den Weg zu mir zu nehmen mit deiner Frau und Tochter – Ich wünsche nichts als daß das Gute, welches unausbleiblich ist, wenn wir zusammen sind, ungehindert erreicht werde, wegen Wohnungen habe ich mich erkundigt, es sind ihrer passende genug zu haben, und du hast eben nicht nöthig viel mehr bezahlen als bisher. Bloß öconomisch betrachtet, wie viel läßt sich auf beiden Seiten ersparen, ohne deswegen nicht auch an einiges Vergnügen zu denken – gegen deine Frau habe ich nichts, ich wünsche nur, daß sie einsehe, wie viel auch für dein Daseyn mit mir gewonnen werden kann, und daß alle armseligen Kleinlichkeiten des Lebens keine Störungen veranlassen[153].

Nun leb wohl, ich hoffe dich ganz gewiß zu sehn heute Nachmittag, wo wir dann nach Nußdorf fahren könnten, welches mir auch zuträglich wäre –

Dein treuer Bruder
Ludwig

An Johann van Beethoven

Lieber Bruder!

Ich war in großer Verlegenheit wegen des Ausbleibens deiner Antwort. Mein Gehörzustand, der mich auf eine gewisse Weise abgeschlossen von den Menschen macht, verursachte daß ich glaubte, du habest dich mit Steiner[154] zertragen. Auch vermuthete ich, Du würdest aufgebracht seyn, wenn ich nicht davon spräche, Dir Deine Schuld zurückzustellen[155]. In dieser Verlegenheit, da ich bang war wegen der Messe, so schrieb ich an Simrock (der auch an mich geschrieben hatte), daß ich sie ihm für 1000 fl. C. M. überlassen wolle[156]. Da du schreibst, daß du die Messe wünschest, so bin ich ganz damit einverstanden, nur wollte ich nicht, daß du dabey irgend einen Schaden habest. Vom Uebrigen, was du schreibst, wollen wir mündlich sprechen. Du sagst du werdest bald nach Wien kommen; wenn das ist, so komm nur nach Baden, denn nach Döbling gehe ich nicht mehr. Aus Beiliegendem von Steiner siehst du, daß die Sache noch nicht ganz richtig ist. Mittlerweile hat mich die Josephstadt hier in Arbeit gesetzt, welches mir bey meiner Wasser- und Badekur wirklich beschwerlich fällt, umsomehr da *Staudenheim* mir nur 1 ½ Stunden zu baden rieth. Ich habe unterdessen schon einen neuen Chor mit Tänzen und Sologesängen gemacht[157]. Läßts meine Gesundheit zu, so mache ich noch eine neue Ouvertüre. Wenn du gleich schreiben wolltest, wann du von Krems nach Wien zu kommen gedenkst, so wäre es mir um so lieber, damit ich genau wüßte, wie ich dran bin. Ich grüße dich und die Deinigen herzlich und bitte dich nochmahls, bald zu schreiben.

Leb wohl

Dein
treuer Bruder Ludwig[158]

An Johann van Beethoven

Baden am 19. August[159]

Lieber Bruder!

Ich freue mich über deine bessere Gesundheit. Was mich betrifft, so sind meine Augen noch nicht ganz hergestellt und hierher kam ich mit einem verdorbenen Magen und einem schrecklichen Katarrh, den ersten von dem Erzschwein der Haushälterin, den zweiten von einem Vieh als Kuchenmagd, welche ich schon einmal fortgejagd und sie selbe doch wieder angenommen hat; – denn Steiner hättest du nicht angehn sollen, ich werde sehen, was zu machen ist, mit den Liedern in puris dürfte es schwer seyn, da der Text deutsch die Ouvertüre wohl eher –

Deinen Brief vom 10ten Aug. erhielt ich durch den elenden Schuften Schindler[160], du brauchst ja nur deine Briefe gerade auf die Post zu geben, wo ich sie sicher alle erhalte, denn ich vermeide diesen niederträchtigen verachtungswürdigen Menschen möglichst – Karl kann erst am 29ten dieses zu mir kommen, wo er dir schreiben wird. Ganz unbeobachtet, was die beiden Kanaillen Fettlümerl und Bastard mit dir anfangen, wirst du nicht sein, auch Briefe durch diese Gelegenheit von mir und Karl erhalten, denn so wenig du es um mich verdienst, so werde ich nie vergessen, daß du mein Bruder bist, und ein guter Geist wird noch über dich kommen, der dich von diesen beiden Kanaillen scheidet, diese vormahlige und jetzige H…, wobei während deiner Krankheit ihr Kerl nicht weniger als 3 mal geschl… hat und die noch obendrein dein Geld gänzlich in Händen hat, o verruchte Schande, ist kein Funken Mann in dir?!!![161] – Nun von was anderm. Du hast von den Ruinen von Athen[162] auch meine eigene Handschrift von einigen Stücken, welche ich nothwendig brauche, weil die Abschriften nach der Partitur der Josephstadt gemacht, wo mehreres ausgeblieben und sich in diesen Manuskriptpartituren von mir befindet, da ich eben etwas d. g. schreibe, so brauche ich selbe höchstnothwendig, schreibe also wo ich diese Manuskripte erhalten kann, ich bitte dich sehr deswegen. Wegen zu dir kommen ein andermal. Soll ich mich so erniedrigen, in solcher schlechten Gesellschaft zu seyn, vielleicht läßt sich aber diese vermeiden und wir können doch einige Tage mit dir zubringen?! Ueber dein Uebriges, vom Briefe, ein andermal. Leb wohl. Unsichtbar schweb ich um dich, und wirke durch andere, damit dir die Kanaillen den Hals nicht zuschnüren –

Wie immer dein treuer
Bruder

An Erzherzog Rudolph

Baden am 22ten aug.[163]

Ihre Kaiserliche Hoheit!

Ich glaubte gemäß ihrem gnädigsten Schreiben an mich, daß Höchstdieselben wieder hieher nach Baden sich begeben würden; am 13. dieses kam ich hier an sehr übel; doch geht es jetzt beßer. Ich war neuerdings von meiner schon gebeßerten katarrhalischen *Affection* befallen worden, nebstdem noch mein Unterleib im elendesten Zustande, nebst meinem Augenübel, kurz meine *Organisation* war gänzlich zerrüttet, ich mußte nur suchen hierher zu kommen, ohne J. K. H. nur einmal sehen zu können. Gottlob, die Augen haben sich so gebeßert, daß ich bej Tage selbe schon ziemlich wieder anstrengen kann, mit meinen übrigen Übeln geht es auch beßer; mehr kann man in dieser kurzen Zeit nicht verlangen. wie sehr wünschte ich nur, daß I. K. H. hier wären, wo in einigen Tägen alles Versäumte könnte nachgehohlt werden. Vieleicht bin ich so glücklich hier I. K. H. sehen zu können und meinen bereitwilligsten Diensteifer Höchstdenselben zu beweisen – wie bedaure ich um dessetwillen meine Fatalen Gesundheits-Umstände. So sehr ich die gänzliche Wiederherstellung davon wünsche, so fürchte ich doch sehr, daß dies (nicht) geschehen werde u. hoffe von I. K. H. deswegen Nachsicht, da ich wenigstens jetzt doch zeigen kann wie gern ich I. K. H. zu Diensten bin, so wünsche ich nichts so sehr, als daß sie Gnädigst davon Gebrauch machen mögten. in dieser Hoffnung erstirbt

Ihro Kaiserliche Hoheit
treu
Gehorsamster Diener
l. v. Beethoven

An Johann Wolfgang von Goethe

Vien den 8ten Februar 1823.[164]

Euer Extzellentz!

Im̄er noch wie von meinen Jünglingsjahren an lebend in ihren Unsterblichen nie veraltenden Werken, u. die glücklichen in ihrer Nähe verlebten Stunden nie vergessend, tritt doch der Fall ein, daß auch ich mich einmal in ihr Gedächtniß zurückrufen muß – ich hoffe Sie werden die Zuneigung an E. E. von *Meeresstille* und *glückliche Fahrt*[165] in Töne gebracht von mir erhalten haben, Bejde scheinen mir ihres Kontrastes wegen sehr geeignet auch diesen durch Musick mit theilen zu können, wie lieb würde es mir sejn zu wißen, ob ich passend meine Harmonie mit der Ihrigen verbunden, auch Belehrung welche gleichsam als Wahrheit zu betrachten, würde mir äußerst willkommen sejn, denn letztere liebe ich über alles, und es wird nie bej mir heißen: *veritas odium parit.* – Es dörften bald vieleicht mehrere ihrer immer eintzig bleibenden Gedichte in Töne gebracht von mir erscheinen, worunter auch *»rastlose Liebe«*[166] sich befindet, wie hoch würde ich eine allgemeine Anmerkung überhaupt über das Komponiren oder in Musik setzen ihrer Gedichte achten! Nun eine Bitte an E. E. ich habe eine große Meße geschrieben, welche ich aber noch nicht herausgeben will, sondern nur bestimmt ist, an die vorzüglichsten Höfe gelangen zu machen, das *Honorar* beträgt nur 50 #, ich habe mich in dieser Absicht an die Großherzogl. Weimarer Gesandtschaft gewendet, welche das Gesuch an Sr.: Großhertz. Durchl. auch angenommen und versprochen hat, es an Selbe gelangen zu machen, die Meße ist auch als *oratorium* gleichfalls aufzuführen, u. wer weiß nicht, daß heutiges Tages die Vereine für die Armuth d. g. *subscribirten* benöthigt sind! – Meine Bitte besteht darin, daß E. E. Seine Höchstd. Durchl. darauf aufmerksam machen mögten, damit Großherzog auch hierauf subskribirten, die Großherz. Weimar. Gesandtschaft eröfnete mir, daß es sehr zuträgl. sejn würde, wenn der Großhertz. vorher schon dafür gestim̄t würde[167] – ich habe so vieles geschrieben, aber *erschrieben* bejnahe gar nichts, nun aber bin ich nicht mehr allein, schon über 6 Jahre bin ich Vater eines Knaben meines verstorbenen Bruders, eines hoffnungsvollen Jünglings im 16ten Jahre den Wissenschaften gantz angehörig u. in den reichen Schriften der Griechheit schon gantz zu Hause, allein in diesen Ländern kostet d. g.[168] sehr viel, u. bej studierenden Jünglingen muß nicht allein an die Gegenwart, sondern auch an die Zukunft gedacht werden, u. so sehr ich sonst bloß nur nach oben gedacht, so müßen doch jetzt meine Blicke auch sich nach *Unten* erstrecken – mein Gehalt ist ohne *Gehalt* – Meine Kränklichkeit seit mehreren Jahren ließ es nicht zu Kunstreisen zu machen, u. überhaupt alles das zu ergreifen, was zum Erwerb führt – sollte ich meine gäntzliche Gesundheit wieder erhalten, so dürfte ich wohl noch manches andere besser erwarten dörfen. E. E. dörfen aber nicht denken, daß ich wegen der letzt gebetenen Verwendung für mich ihnen *Meeresstille* u. *Glückliche Fahrt* gewidmet hätte, dies geschah schon im Maj 1822, u. die Meße auf diese Weise bekannt zu machen, daran ward noch nicht gedacht, bis jetzt vor einigen Wochen – die Verehrung liebe u. Hochachtung welche ich für den eintzigen

Unsterblichen Göthe von meinen Jünglingsjahren schon hatte, ist immer mir geblieben, so was läßt sich nicht wohl in Worte faßen, besonders von einem solchen Stümper wie ich, der nur immer gedacht hat, die *Töne* sich eigen zu machen, allein ein eignes Gefühl treibt mich immer, ihnen so viel zu sagen, indem ich in ihren schriften – ich weiß Sie werden nicht ermangeln, einen Künstler, der nur zu sehr gefühlt, wie weit der *bloße Erwerb* von ihr entfernt, einmal sich für ihn zu verwenden, wo *Noth* ihn zwingt, auch wegen *andern für andere* zu walten zu wirken – das gute ist unß allzeit deutlich, u. so weiß ich, daß E. E. meine Bitte nicht abschlagen werden –

Einige Worte von ihnen an mich würden Glückseligkeit über mich verbreiten.

Euer Extzellenz mit der innigsten
unbegrentztesten Hochachtung
verehrender
Beethoven

An Dr. Johann Baptist Bach

Baden, Gutenbrunn am 1ten August 1824

Verehrtester Freund![169]

Meinen Herzlich Dank für ihre Emphelung hierher, ich bin wirklich gut aufgehoben – an mein Testament Karl betreffend[170], muß ich sie erinnern, ich glaube wohl einmal vom Schlage getroffen zu werden, wie mein biederer Großvater[171], mit dem ich Ähnlichkeit habe, Karl ist u. bleibt einmal Universal Erbe von allem, was Mein ist, u. nach meinem Tode vorhanden gefunden wird, da man aber Verwandten, wenn sie einem auch garnicht verwandt sind, auch etwas vermachen muß, so erhält mein H. Bruder mein französisches Klavier von Paris[172]. Sonnabends könnte Karl dies Testam. mitbringen, wenn es eben nicht ihnen im Mindesten beschwerlich fällt – Steiner[173] belangend, so will er sich begnügen am Ende dieses Monaths u. am Ende des Monats September gänzlich seine Schuld abgezahlt zu sehen – denn wenn es mit Mainz[174] etwas wird, so dauerte es eben so lange, u. die ersten 600 fl. sind ebenfalls an 2 der Edelsten Menschen[175] abzutragen, welche mir, als ich beinah hilfloß war, liebreich ohne alle Interessen mit dieser Summe entgegengekommen sind, leben Sie herzlich wohl, ich umarme Sie.

Hochachtungsvoll
ihr Freund Beethoven[176]

An Carl van Beethoven

Baden am 16. August 1823

Lieber Junge!

Eher wollte ich dir nichts sagen, als bis ich mich hier besser finden würde, welches auch nicht ganz der Fall ist; mit Katarrh Schnupfen kam ich hieher, beides arg für mich, da der Grundzustand noch immer catarrhalisch ohnehin ist, und ich fürchte, dieser zerschneidet bald den Lebensfaden, oder was noch ärger, durchnaget ihn nach und nach. – Auch mein zu Grunde gerichteter Unterleib muß noch durch Medizin und Diät hergestellt werden, und dies hat man den treuen Dienstboten zu danken! Du kannst denken wie ich herumlaufe, denn erst heute fing ich eigentlich (uneigentlich ist es ohnehin unwillkürlich) meinen Musendienst wieder an[177]; ich muß, man soll es aber nicht merken, – denn die Bäder laden doch sehr, wenigstens mich, zum Genusse der schönen Natur ein, allein nous sommes trop pauvres et il faut écrire ou de n'avoir pas de quoi. – Treibe nun, daß alle Anstalten für Deinen Konkurs getroffen werden, und sei ja bescheiden, damit Du Dich höher und besser zeigst, als man es vermuthet. Deine Wäsche schicke nur gerade her, Dein graues Beinkleid ist wenigstens noch im Hause zu tragen, denn theurer Sohn, Du bist auch wieder sehr theuer! Die Ueberschrift: »Beym Kupferschläger« – Schreibe sogleich ob Du diesen Brief empfangen. An den Schindler, diesen verachtungswürdigen Gegenstand, werde ich Dir einige Zeilen schicken, da ich unmittelbar nicht gern mit diesem Elenden zu thun habe[178]. – Wäre nur alles so geschwinde geschrieben, wie man denkt, fühlt, so würde ich Dir manches nicht Unmerkwürdige sagen können, – für heute wünsche ich nur noch, daß ein gewisser Karl auch ganz meiner Liebe, meiner so großen Sorge für ihn werth sei und alles dieses zu würdigen wissen werde. Obgleich ich wie Du weißt, gewiß anspruchslos bin, so gibt es doch so manche Seiten, von welchen man den Edlen Besseren zeigen kann, daß man dieses an ihnen erkennt und fühlt.

Ich umarme Dich von Herzen
Dein treuer wahrhafter Vater.

An Erzherzog Rudolph

Baden den 23ten Aug. 1824.

Ihre Kaiserliche Hoheit!

Ich lebe – wie?! ein schneckenleben; die so ungünstige Witterung setzt mich immer wieder zurück, und unmöglich ist es bej diesen *Bädern* Herr seiner Hauß-Kraft wie sonst zu sejn. – eben vor einigen Tägen schreibt mir der als Musikal. Autor und Schriftsteller nicht unbedeutende *Nägeli*[179] aus Zürich, derselbe gibt 200 Gedichte heraus worunter auch Musikal. Gedichte, und hat mich sehr angegangen I. K. H. zu bitten, daß höchstdieselben doch auf diese Sammlung gnädigst *Subscribiren* mögten. der Preiß ist sehr gering nehmlich: 20 g. Groschen oder 1 fl. 30 kr. Wenn Ihre K. H. auf *6 Exemplar subscribiren*, so wird das *sogar* Geschrej machen, obschon ich weiß, daß mein gnädigster Herr auf so etwas nicht achtet, für jetzt ist genug, wenn I. K. H. nur die Gnade haben, mir ihre willensmeinung hierüber zu eröffnen das Geld kann erlegt werden, sobald die *Exemplare* ankommen, welches höchstens in ein paar Monathe geschieht. nun hat Hr. Nägeli gebittet, nun muß ich selbst für ihn bitten, Es läßt sich nicht alles abmessen nach der Schnur, wieland sagt aber: wie leicht ist ein Büchlein ein Paar Gr. werth; krönen also I. K. H. durch Vorsetzung ihres erhabenen namens als Theilnehmer zur Unterstützung dieses Mannes diese Gedichte; ganz ohne werth werden sie sicher nicht sejn. – indem ich überzeugt bin von der Theilnehmung I. K. H. von allem, was edel u. schön ist, hoffe ich für Nägeli keine Fehlbitte gemacht zu haben, u. bitte nur, daß I. K. H. mir die schriftliche Erlaubniß ertheilen, Nägeli antzutzeigen, daß I. K. H. die *Subscription* genehmigen.

Ihre Kaiserliche Hoheit
mit Liebe u. gehorsamster Treue allzeit
verharrender
Beethoven.

An Hans Georg Nägeli

Baden den 9. September 1824.

Mein sehr werther Freund![180]

Der Kardinal Erzherzog[181] ist in Wien und ich meiner Gesundheit wegen hier; erst gestern erhielt ich von ihm in einem Schreiben die Zusagung, daß er mit Vergnügen subscribire auf Ihre Gedichte wegen Ihrer Verdienste, welche Sie sich um das Emporkommen der Musik erworben haben, und 6 Exemplare davon nehme. Titulation werde ich noch schicken. Ein Unbekannter subscribirt ebenfalls darauf und das bin ich; denn da Sie mir die Ehre erzeigen, mein Panegyriker zu sein, darf ich wohl keineswegs mit meinem Namen erscheinen. Wie gerne hätte ich auf mehrere subscribirt, allein meine Umstände sind zu beschränkt. Vater eines von mir angenommen Sohnes, des Kindes von meinem verstorbenen Bruder, muß ich sowohl für die *Gegenwart* wie für die *Zukunft* seinetwegen denken und handeln. – Ich erinnere mich, daß Sie mir auch früher geschrieben haben wegen Subscription, damals war ich sehr kränklich, welche Kränklichkeit über 3 Jahre gewährt hat, nun befinde ich mich besser. – Schicken Sie nur gerade Ihre gesammelte Vorlesungen[182] auch an den Erzherzog Rudolph, widmen Sie selbe ihm wo möglich, ein Geschenk erhalten Sie immer; groß wird es freilich nicht sein, aber besser als nichts; sagen Sie ihm einige schmeichelhafte Worte in der Vorrede, denn Musik versteht er, und er lebt und webt darinn. Mir tut es wirklich um sein Talent leid, daß ich nicht mehr soviel an ihm Theil nehmen kann, als früher.

Ich habe hin und wieder noch Aufträge wegen Subscribenten auf Ihre Gedichte gegeben; welche ich noch erhalten werde, soll Ihnen sogleich bekannt gemacht werden. Ich wünschte, daß Sie mir auch Ihre Vorlesungen hierher übermachten, sowie die 5stimmige Messe von Sebastian Bach; was Beides kostet, werde ich sogleich von hier aus übermachen. – Denken Sie übrigens ja kein Interesse von mir irgendwo was ich suchte; frei bin ich von aller kleinlichen Eitelkeit; nur die göttliche Kunst, nur in ihr sind die Hebel, die mir Kraft geben, den himmlischen Musen den besten Theil meines Lebens zu opfern. Von Kindheit an war mein größtes Glück und Vergnügen, für Andere wirken zu können, Sie können daher denken, wie groß mein Vergnügen ist Ihnen in etwas behülflich zu sein und Ihnen anzuzeigen, wie ich Ihre Verdienste schätze. Ich umarme Sie als einen Weisen des Apollo, von Herzen der Ihrige

Beethoven.

Wegen des Erzherzogs schreiben Sie mir bald, weil ich alsdann die Einleitung dazu treffen werde, um Erlaubniß der

Dedikation brauchen Sie nicht einzukommen, er wird und soll überrascht werden.

In der Unterschrift an mich schreiben Sie mir »in Wien« wie gewöhnlich.

An Carl van Beethoven

Endlich – gieb den wenigstens der alten die chokolade – *Ramler,* wenn er noch nicht genom̄en, würde vieleicht die alte besorgen – ich werde immer mägerer und befinde mich eher übel als gut, und keinen artzt keinen teilnehmenden Menschen –

wenn du nur im̄er Sonntags kannst, so kom̄e heraus, jedoch will ich dich von nichts abhalten, wenn ich nur Sicher wäre, daß der Sonntag ohne mich gut zugebracht würde, ich muß mich ja von allem entwöhnen, wenn mir nur diese Wohlthat wird, daß meine so großen opfer würdige Früchten bringen? –

wo bin ich nicht verwundet, zerschnitten?!

dein treuer
Vater[183]

An Ludwig Rellstab[184]

Im Begriffe aufs Land zu gehen mußte ich gestern selbst einige Anstalten treffen und so mußten Sie gerade leider umsonst kommen. Verzeihen Sie meiner noch sehr schwachen Gesundheit; da ich Sie vielleicht nicht mehr sehe, wünsche ich Ihnen alles erdenkliche Ersprießliche. Gedenken Sie meiner bei Ihren Dichtungen.

Ihr Freund
Beethoven.

An *Zelter*[185] den wackeren Aufrechthalter der wahren Kunst alles Liebe und Verehrliche!
Am 3. Mai 1825.
In meiner Reconvalescenz befinde ich mich noch äußerst schwach; nehmen Sie vorlieb mit diesem Erinnerungszeichen an Ihren Freund Beethoven[186].

An Carl van Beethoven

Mittwoch am 18ten Maj[187]

Der Brief vom 17. May
heute ist verschrieben
er ist vom 18ten *Maj*

Lieber Sohn

Die alte ist schon gekommen, habe also keine Sorge, studire tüchtig und stehe morgens früh, wo du auch selbst manches was vorfiele für mich zu thun versuchen könntest – einem nun bald 19 jahr Jüngling[188] kann es nicht anders als wohl anstehen, mit seinen Pflichten für seine Bildung u. fortkommen auch jene seiner Wohlthäter, Ernährer zu verbinden – habe ich doch recht dieses bej meinen Eltern vollführt –

Eiligst dein treuer
Vater.

An Anton Braunhofer[189]

am 18. Maj 1825.

Verehrter Freund!

Dr.: wie gehts Patient? Pat. Wir stecken in keiner guten Haut – noch im̄er sehr schwach, aufstoßen *etc,* ich glaube, daß endlich stärkende Medizin nöthig ist, die jedoch nicht stopft – weißen wein mit wasser sollte ich schon trinken dörfen, denn das Mephitische[190] Bier kann mir nur zuwider sejn – mein katharalischer Zustand äußert sich hier folgender Maßen, nemlich: ich speie ziemlich viel Blut aus, wahrscheinlich nur aus der Luftröhre, aus der Nase strömt es aber öfter, welches auch der Fall diesen winter öfters war. Daß aber der Magen schrecklich geschwächt ist, u. überhaupt meine gantze Natur. dies leidet keinen Zweifel, bloß durch sich selbst, so viel ich meine Natur kenne, dörften meine Kräfte schwerlich wieder ersetzt werden. – Dr. ich werde helfen, bald Brovianer[191], bald Stollianer[192] *etc.* sejn. *Pat.* Es würde mir lieb sein, wieder mit einigen Kräften an meinem Schreippult sejn zu können erwägen sie dieses – *Finis.* sobald ich in die Stadt kom̄e, sehe ich sie, nur Karl sagen, wann ich sie treffe, können sie aber Karl selbst angeben, was noch geschehen soll, die letzte Medizin nahm ich nur einmal, u. habe Sie verlohren, so wäre das ersprießlich –

Mit Hochachtung
u. Dankbarkeit
stets
ihr Freund
Beethoven.

Doktor, sperrt das Thor dem Todt
Note hilft auch aus der Noth[193].
Geschrieben am 11. Maj 1825, in *Baden,* Helenenthal
an der 2ten Antons-*Brücke* nach Siechenfeld zu.
Für Seine Wohlgebohrn
H. von *Braunhofer*
Professor der Arznejkunde etc.

An Carl van Beethoven

Baden, den 9. Juni 1825.

Ich wünsche wenigstens daß du Sonntags hierher kommst. Vergebens bitte ich um Antwort, – Gott sei mit dir und mit mir.

Wie immer
Dein treuer Vater.

Hrn. v. Reyßig[194] habe ich geschrieben daß er dich bitte Sonntags hierher zu kommen, die Kalesche fährt um 6 Uhr von seiner Wohnung ab und zwar von der Kugel auf der Wieden. Du hast also nur etwas im Voraus zu arbeiten oder studiren, so wirst du nichts verliehren. Ich bedaure dir diesen Schmertz verursachen zu müssen. Nachmittags fährst du um 5 Uhr ab mit derselben Kalesche von hier wieder nach Wien. Es ist schon vorausbezahlt, du kannst ja morgens dich hier balbiren, auch hier Halstuch und Hembd haben, um zur rechten Zeit einzutreffen. –

leb wohl, wenn ich auch mit dir schmolle, so ist es nicht ohne Grund, und *nicht* so vieles möchte ich aufgewendet haben, um der Welt einen gewöhnlichen Menschen gegeben zu haben – ich hoffe dich gewiß zu sehen –

Sind übrigens die Intriguen schon gereift, so erkläre dich offen (u. natürlich), u. du wirst denjenigen, der sich in der guten Sache allzeit gleich bleibt finden.

Die Wohnung stand gestern in der Zeitung hättest du nichts machen können, wenigstens durch einen andern, auch durch schreiben laßen, wenn du vielleicht unpäßlich. – Lieb wäre es mir nichts anderes ... zu müssen, wie ich hier lebe weißt du, noch dazu bei der kalten Witterung, das beständige Alleinsejn schwächt mich nur noch mehr, denn wirklich gränzt meine Schwäche oft an Ohnmacht, o kränke nicht mehr, der Sensenmann wird ohneh.[195] keine so lange Frist mehr geben. –

B.

Wäre in der allegasse eine gute Wohnung für mich zu finden, ich würde sie auch nehmen.

An Karl von Smetana

August 1826

Verehrtester H. *A. Smettana*[196]

Ein großes Unglück ist geschehen, welches Karl zufällig selbst an sich verursacht hat[197], rettung hoffe ist noch möglich, besonders von ihnen, wenn sie nur bald erscheinen, Karl hat eine Kugel im Kopfe, wie werden sie schon erfahren – nur schnell, um Gottes willen schnell

ihr Sie verehrender Beethoven

Die Geschwindigkeit zu helfen,
forderte ihn zu seiner Mutter,
wo er jetzt ist.
Die Adresse folgt hierbei.

An Carl van Beethoven[198]

Schon um dessentwillen, daß Du mir wenigstens gefolgt bist, ist alles vergeben und vergessen, mündlich darüber mit dir. Heute ganz ruhig. – Denke nicht, daß ein anderer Gedanke in mir als nur Dein Wohl herrsche u. hieraus beurteile mein Handeln – mache ja keinen Schritt der Dich unglücklich mache und mir das Leben früher raubte, erst gegen 3 Uhr kam ich zum schlaffe, denn die ganze Nacht hustete ich – ich umarme dich herzlich und bin überzeugt daß du mich bald nicht mehr verkennen wirst, so beurtheile ich auch dein gestriges Handeln. ich erwarte dich sicher heute um Ein Uhr, mach mir nur keinen Kummer u. keine Angst mehr, leb indessen wohl.

Dein wahrer u. treuer Vater.

Wir sind allein, ich lasse deswegen *H.*[199] nicht kommen um so mehr da ich wünsche, daß nichts verlauten möge von gestern, komme ja – laß mein *armes Herz nicht mehr bluten.*

An Franz Gerhard Wegeler

Wien am 7. Oktober 1826.

Mein alter geliebter Freund!

Welches Vergnügen mir Dein und Deines Lorchen Brief verursachte, vermag ich nicht auszudrücken. Freilich hatte pfeilschnell eine Antwort darauf erfolgen sollen, ich bin aber im Schreiben überhaupt etwas nachlässig, weil ich denke, daß die besseren Menschen mich ohnehin kennen. Im Kopf mache ich öfter die Antwort, doch wenn ich sie niederschreiben will, werfe ich die Feder meistens weg, weil ich nicht so zu schreiben im Stande bin wie ich fühle. Ich erinnere mich aller Liebe, die Du mir stets bewiesen hast z. B. wie Du mein Zimmer weißen ließest und mich so angenehm überraschtest. Ebenso von der Familie Breuning. Kam man von einander, so lag das im Kreislauf der Dinge; jeder mußte den Zweck seiner Bestimmung verfolgen und zu erreichen suchen; allein die ewig unerschütterlichen Grundsätze des Guten hielten uns dennoch immer fest zusammen verbunden. Leider kann ich Dir heute nicht so viel schreiben als ich wünschte, da ich bettlägerig bin, und beschränke mich darauf einige Punkte Deines Briefes zu beantworten.

Du schreibst daß ich irgendwo als natürlicher Sohn des verstorbenen Königs von Preußen angeführt bin[200]; man hat mir davon vor langer Zeit ebenfalls gesprochen, ich habe mir aber zum Grundsatz gemacht nie weder etwas über mich zu schreiben noch irgend etwas zu beantworten was über mich geschrieben worden. Ich überlasse dir daher gerne die Rechtschaffenheit meiner Eltern und meiner Mutter insbesondere der Welt bekannt zu machen. Du schreibst von Deinem Sohne. Es versteht sich wohl von selbst, daß wenn er hierher kommt, er seinen Freund und Vater in mir finden wird, und wo ich im Stande bin ihm in irgend etwas zu dienen oder zu helfen, werde ich es mit Freude thun.

Von Deiner Lorchen habe ich noch die Silhouette, woraus zu ersehen wie mir alles Gute und Liebe aus meiner Jugend noch theuer ist.

Von meinen Diplomen schreibe ich nur kürzlich daß ich Ehrenmitglied der k. Gesellschaften der Wissenschaften in Schweden ebenso in Amsterdam[201] und auch Ehrenbürger von Wien bin. – Vor kurzem hat ein gewisser *Dr. Spieker*[202] meine letzte große Symphonie[203] mit Chören nach Berlin mitgenommen; sie ist dem Könige gewidmet[204] und ich mußte die Dedication eigenhändig schreiben. Ich hatte schon früher bei der Gesandtschaft[205] um die Erlaubniß daß Werk dem Könige zueignen zu dürfen angesucht, welche mir auch von ihr gegeben wurde. Auf *Dr.* Spiekers Veranlassung mußte ich selbst das corrigirte Manuscript mit meinen eigenhändigen Verbesserungen demselben für den König übergeben, da es in die königl. Bibliothek kommen soll. Man hat mich da etwas von dem rothen Adlerorden 2. Klasse hören lassen; wie es ausgehen wird, weiß ich nicht, denn nie habe ich derlei Ehrenbezeugungen gesucht, doch wäre sie mir in diesem Zeitalter wegen manches Andern nicht unlieb.

Es heißt übrigens bei mir immer: *Nulla dies sine linea,* und lasse ich die Muse schlafen, so geschieht es nur damit sie desto kräftiger erwache. Ich hoffe noch einige große Werke zur Welt zu bringen und dann wie ein altes Kind irgend unter guten Menschen meine irdische Laufbahn zu beschließen.

Du wirst auch bald durch die Gebrüder *Schott* in Mainz einige Musikalien erhalten. Das Portrait welches Du beiliegend bekommst, ist zwar ein künstlerisches Meisterstück, doch ist es nicht das letzte welches von mir verfertigt wurde[206]. – Von Ehrenbezeugungen die Dir ich weiß es Freude machen, melde ich Dir noch, daß mir von dem verstorbenen König von Frankreich eine Medaille[207] zugesandt wurde mit der Inschrift: *Donné par le Roi à Monsieur Beethoven,* welche von einem sehr verbindlichen Schreiben des *premier gentilhomme du Roi Duc de Châtres* begleitet wurde.

Mein geliebter Freund, nimm für heute vorlieb. Ohnehin ergreift mich die Erinnerung an die die Vergangenheit und nicht ohne viele Thränen erhältst Du diesen Brief. Der Anfang ist nun gemacht und bald erhältst Du wieder ein Schreiben, und je öfter Du schreiben wirst, desto mehr Vergnügen wirst Du mir machen. Wegen unserer Freundschaft bedarf es von keiner Seite einer Anfrage, und so lebe wohl. Ich bitte Dich Dein liebes Lorchen und Deine Kinder in meinem Namen zu umarmen und zu küssen und dabei meiner zu gedenken. Gott mit euch Allen!

Wie immer Dein treuer Dich ehrender wahrer Freund

Beethoven

An Franz Gerhard Wegeler

Wien den 17. Februar 1827

Mein alter würdiger Freund!

Ich erhielt wenigstens glücklicherweise Deinen zweiten Brief von Breuning. Noch bin ich zu schwach ihn zu beantworten, Du kannst aber denken, daß mir alles darin willkommen und erwünscht ist[208]. Mit der Genesung, wenn ich es so nennen darf, geht es noch sehr langsam, es läßt sich vermuthen daß noch eine 4. Operation zu erwarten sei, obwohl die Aerzte noch nichts davon sagen. Ich gedulde mich und denke: alles Ueble führt manchmal etwas Gutes herbei. – Nun aber bin ich erstaunt, als ich in Deinem letzten Brief gelesen daß Du noch nichts erhalten. Aus dem Briefe den Du hier empfängst, siehst Du daß ich Dir schon am 10. December v. J. geschrieben. Mit dem Portrait ist es der nämliche Fall, wie Du wenn Du es erhältst aus dem Datum darauf wahrnehmen wirst. – »Frau Steffen sprach«, – kurzum Steffen[209] verlangte Dir diese Sachen mit einer Gelegenheit zu schicken, allein sie blieben liegen bis zum heutigen Datum und wirklich hielt es noch schwer sie bis heute zurückzuerlangen. Du erhältst nun das Portrait mit der Post durch die Herren Schott, welche Dir auch die Musikalien übermachten. – Wie viel möchte ich Dir heute noch sagen, allein ich bin zu schwach; ich kann daher nichts mehr als Dich mit Deinem Lorchen im Geiste umarmen.

Mit wahrer Freundschaft und Anhänglichkeit an Dich und die Deinen Dein alter treuer Freund

Beethoven[210]

An George Smart

6. März 1827

Ich zweifle nicht daß ew. Wohlgeboren[211] mein Schreiben vom 22. Febr. durch Hrn. Moescheles schon werden erhalten haben; jedoch da ich zufälligerweise unter meinen Papieren die Adresse an S. gefunden habe, so nehme ich auch keinen Anstand direct an Ew. Wohlgeboren zu schreiben und Ihnen nochmals meine Bitte recht nachdrücklich ans Herz zu legen.

Leider sehe ich bis zu dem heutigen Tage noch dem Ende meiner schrecklichen Krankheit noch nicht entgegen, im Gegenteil haben sich nur meine Leiden und damit auch meine Sorgen noch vermehrt. Am 27. Februar wurde ich zum 4. Male operirt, und vielleicht will es das Schicksal, daß ich dies noch zum 5. Male oder noch öfter zu erwarten habe. Wenn dies nun so fortgeht, so dauert meine Krankheit sicher bis zum halben Sommer und was soll dann aus mir werden? von was soll ich dann leben bis ich meine ganz gesunkenen Kräfte zusammenraffe um mir wieder mit der Feder meinen Unterhalt zu verdienen? – Kurz ich will Ihnen nicht mit neuen Klagen lästig werden und mich nur hier auf mein Schreiben vom 22. Februar beziehen, und Sie bitten allen Ihren Einfluß anzuwenden die philh. Gesellschaft dahin zu vermögen ihren früheren Entschluß rücksichtlich der Akademie zu meinem Besten jetzt in Vollführung zu bringen.

An B. Schott's Söhne[212]

Wien 10. März 1827

Euer Wohlgeboren!

Nach meinem Briefe sollte das Quartett[213] jemandem dedicirt werden, deßen Nahmen ich Ihnen schon überschickte. Ein Ereigniß findet statt, welches mich hat bestimmen müßen, hierin eine Aenderung treffen zu müßen. Es muß dem hiesigen Feldmarschal-Lieutenant Baron von Stutterheim[214], dem ich große Verbindlichkeiten schuldig bin, gewidmet werden. Sollten Sie vielleicht die erste Dedication schon gestochen haben, so bitte ich Sie um alles in der Welt, dieß abzuändern, und will Ihnen gerne die Kosten dafür ersetzen. Nehmen Sie dieß nicht als leere Versprechungen allein es liegt mir so viel daran, daß ich gerne jede Vergütung zu leisten bereit bin.

Der Titel liegt hier bey.

Was die Sendung an meinen Freund, den königl. preuß.

Regierungsrath v. Wegeler in Coblentz betrifft, so bin ich froh, Sie hiervon gänzlich entbinden zu können. Es hat sich Gelegenheit gefunden, mit welcher alles ihm übermacht wird. Meine Gesundheit welche sich noch lange nicht einfinden wird, bittet um die erbethenen Weine, welche mir gewiß Erquickung Stärke und Gesundheit verschaffen werden.

Ich verharre mit größter Hochachtung
Euer Wohlgeboren ergebenster
Ludwig van Beethoven.

An Ignaz Moscheles

Wien 14. März 1827.

Mein lieber Moscheles![215]

Ich habe dieser Tage durch Herrn *Lewinger*[216] erfahren, daß Sie sich in einem Briefe vom 10. Febr. bei ihm erkundigten, wie es mit meiner Krankheit stehe, von der man so verschiedenartige Gerüchte ausstreue. Obwohl ich keineswegs zweifle, daß Sie meinen Brief vom 22. Febr.[217] an Sie jetzt schon in Händen haben, der Sie über Alles was Sie zu wissen verlangen aufklären wird, so kann ich doch nicht umhin Ihnen hier für Ihre Theilnahme an meinem traurigen Schicksale zu danken und Sie nochmals zu ersuchen sich meine Bitte, die Sie aus meinem ersten Schreiben schon kennen, recht angelegen sein zu lassen, und ich bin beinahe im Voraus überzeugt, daß es Ihnen in Vereinigung mit Sir Smart[218] und andern meinen Freunden sicher gelingen wird, ein günstiges Resultat bei der philharmonischen Gesellschaft für mich zu erzwecken. An Sir Smart habe ich seit diesem auch nochmals geschrieben.

Am 27. Februar bin ich zum 4. Male operirt worden, und jetzt sind schon wieder sichtbare Spuren da daß ich bald die 5. zu erwarten habe. Wo soll das hin und was soll aus mir werden, wenn es noch einige Zeit so fortgeht? – Wahrlich ein hartes Los hat mich getroffen! Doch ergebe ich mich in den Willen des Schicksals und bitte nur Gott stets, er möge es in seinem göttlichen Willen so fügen daß ich, solange ich noch hier den Tod im Leben erleiden muß, vor Mangel geschützt werde. Dies wird mir soviel Kraft geben, mein Loos, so hart und schrecklich es immer sein möge, mit Ergebenheit in den Willen des Allerhöchsten zu ertragen.

So mein lieber Moscheles empfehle ich Ihnen nochmals meine Angelegenheit und verharre in größter Achtung stets

Ihr Freund
L. v. Beethoven.

Hummel[219] ist hier und hat mich schon einige Male besucht.

An Johann Baptist Pasqualati

Verehrter alter Freund![220]

Meinen herzlichen Dank für ihr Gesundheits Geschenk, sobald ich von den Weinen den passendsten für mich gefunden, zeige ich es ihnen an, doch werde ich ihre Güte so wenig als möglich mißbrauchen; auf die *compote* freue ich mich und werde sie deswegen öfter angehn. – Schon dieses kostet mich Anstrengung – *Sapienti pauca* – ihr dankbarer

Freund
Beethoven.[221]

Verehrter Freund!

Ich bitte heute wieder um ein Kirschen-Kompot, jedoch ohne citronen gantz *simpel.* auch eine leichte Mehlspeise bejnahe an Brej erinnernd würde mich sehr Freuen, meine Brave Köchin ist jetzt zu Krankenspeisen noch nicht geschickt. *champagner* ist mir erlaubt, nur bitte ich für den ersten Tag mir ein champagnerglaß mitzuschicken – nun den wein betreffend *Malfatti*[222] wollte gleich mir nur *Moseler*wein; allein er behauptete, daß kein ächter hier zu haben sej, er gab also selbst *Krumbholz-Kirchner*[223] mehrere Flassen u. behauptete, daß dieser der beste sej für meine Gesundheit da nun einmal kein ächter Moseler zu haben sejn – Verzeihen sie mir mein beschwerlich fallen, u. schreiben sie es zum Theil meiner hilflosen Lage zu.

hochachtungsvoll
ihr
Freund
Beethoven.[224]

Wien 14. März 1827.

Verehrter Freund!

Vielen Dank für ihre gestrige Speise, sie ist auch noch hinlänglich für heute – alle Wildpret ist mir erlaubt, Krammets-Vögel, meinte der Arzt, sej[en] gar sehr heilsam für mich – dies nur zur Nachricht. Es braucht unterdeßen nicht heute zu sejen – verzeihen sie mein gedankenloses schreiben, ermüdet von Nachtwachen umarme ich und verehre ich Sie

als ihr mit
Hochachtung
ergebenster Freund[225]

Verehrter Freund!

Wie soll ich ihnen genug danken für den herrlichen Champagner, wie sehr hat er mich erquickt und wird mich noch erquicken! Für heute brauche ich nichts und danke für alles – was sie sonst noch für ein Resultat in Ansehung der Seine ziehen mögten, bitte ich Sie zu bemerken, ich würde selbst nach meinen Kräften gerne vergüten – für heute kann ich nicht mehr schreiben, der Himmel segne Sie überhaupt, und für Ihre liebevolle Teilnahme

an dem Sie hochachtenden
leidenden Beethoven.[226]

16. März 1827

Verehrter Freund!

Meinen Dank für Ihre mir gestern übermachte Speise. Wie ein Kind begehrt ein Kranker nach so etwas, ich bitte daher heute um das Pfirsichcompot, andere Speisen betreffend muß ich erst den Rath der Aerzte einholen. Den Wein betreffend so finden sie den Grinzinger vorteilhaft für mich, allen andern ziehen sie aber *alten Krumbholz-Kirchner* vor. Möge diese Erklärung nur kein Mißdeuten gegen mich bei Ihnen hervorbringen –

mit herzlicher Hochachtung
Ihr Freund
Beethoven.

An Anton Schindler[227]

17. März 1827

Wunder ⁒. ⁒.![228]

Die hochgelahrten Herren[229] sind beide geschlagen, nur durch Malfattis[230] Wissenschaft werde ich gerettet; Es ist nötig, daß sie einen Augenblick doch diesen Vormittag zu mir kommen.

Der Ihrige Beethoven.

Anmerkungen

1 September

2 Der hochedelgeborene Freund ist der in der Beethoven-Literatur vornamenlos als »Rat von Schaden« registrierte Josef Ulrich Johann Nepomuk Schad von Schaden, der 1814 als kgl. bayr. Oberappellationsgerichtsrat für Schwaben in München starb. Über Herkunft und Geburtsjahr ist bisher nichts bekannt geworden. Den Forschungen von K. M. Pisarowitz ist zu entnehmen, daß er etwa 60 Jahre alt wurde, d. h. ungefähr 1755/56 geboren sein mußte. Schaden war Oettingen-Wallersteinscher Geheimrat, wurde schon mit 31 Jahren pensioniert und trat als Jurist in die Dienste der Stadt Augsburg. Seine Frau Nannette (1763–1834) war eine geborene »von« Stadler aus Ebelsberg (Oberösterreich), uneheliche Tochter der Walburga Stadler aus Thalheim und – dem Vernehmen nach – des salzburgischen Militärtribuns Leopold Graf von Prank. Sie trennte sich später von ihrem Gatten und siedelte nach Regensburg über (Mitteilung des Stadtarchivs Augsburg). Vielleicht durch Vermittlung des ehemals wallerstein-oettingschen, seit 1785 bonnschen Hofmusicus Joseph Reicha und dessen Neffen Anton Reicha hatte Beethoven auf seiner ersten Reise nach Wien 1787 den Reichsfürstensitz im Ries als vorläufiges Ziel angestrebt, um an diesem Musenhof zu konzertieren. Dort begegnete er Schaden und seiner pianistisch tätigen Gattin. Mit beiden reiste er nach Augsburg, von dort über München nach Wien, wo er am 7. April 1787 eintraf.

3 Auf die Nachricht von der Erkrankung seiner Mutter brach Beethoven um den 20. April von Wien auf und gelangte über München nach Augsburg, wo er, vermutlich bei Schaden, der

ihm Geld leihen mußte, Station machte und den von Mozart hochgeschätzten Johann Andreas Stein, den Vater seiner späteren Wiener Betreuerin Nanette Streicher, besuchte. Mitte Mai war er wieder in Bonn.

4 Beethovens Mutter starb am 17. Juli 1787.

5 Beethoven unterschreibt seinen Namen mit w statt v.

6 Eleonore von Breuning (1771–1841), Beethovens »Lorchen«, war die Tochter des 1777 beim Bonner Schloßbrand ums Leben gekommenen Hofrats Emanuel Joseph von Breuning und der Helene von Breuning geb. Kerich. Sie heiratete 1802 Beethovens besten Freund, den Arzt Prof. Dr. Franz Gerhard Wegeler, mit dem sie 1807 nach Koblenz übersiedelte. Beethoven war durch Wegeler in das gastlich-fröhliche Breuningsche Haus am Bonner Münsterplatz eingeführt worden, zunächst um die Kinder Eleonore und Lenz (Lorenz) in der Musik zu unterweisen. Daraus entwickelte sich eine geradezu familiäre Beziehung, die sich auch auf Eleonores Bruder Stephan von Breuning (1774–1827) und später auf dessen Sohn Gerhard von Breuning (1813–1892) erstreckte. Stephan war Jurist und kam 1800 nach Wien, wurde 1818 Hofrat. Das herzliche Verhältnis wurde gelegentlich durch Beethovens »raptus« und heftige Meinungsverschiedenheiten gestört, aber immer wieder erneuert. Darauf beziehen sich Beethovens Selbstbeschuldigungen.

7 Babette Koch, Tochter der Besitzerin des »Zehrgarten«, in dem sich die junge Bonner Intelligenz zu treffen pflegte, war eine Freundin der Eleonore von Breuning.

8 Malchus, Privatsekretär des Österr. Gesandten, gehörte mit den Rombergs, den Kügelgens, Waldstein u. a. dem Zehrgarten-Kreis an.

9 Wiederum Beethoven mit w.

10 Bei diesem Brief ohne Anrede und Datum aus dem Besitz Wegelers handelt es sich wohl um einen Torso. Seine Datierung ist in dem Sinne anzunehmen, daß man ihn grundsätzlich für einen Wiener Brief hält, der vermutlich nach dem vom

2. November 1793 geschrieben wurde. Der Brief macht einen seltsam erregten und zerfahrenen Eindruck.

11 Die Variationen sind in 12 Varianten über »Se vuol ballare« aus Mozarts »Figaro« für Klavier und Violine (nach Kinsky-Halm *Beethoven-Verzeichnis,* 1955, als Werk ohne Opuszahl = WoO unter Nr. 40 registriert). Bei dem Rondo handelt es sich wohl um das G-Dur-Rondo für dieselbe Besetzung (WoO 41). Die Sonate ist mit Sicherheit das C-Dur-Fragment WoO 51.

12 Mit »paraquin« ist der Kontrabassist der Bonner Hofkapelle Johann Paraquin gemeint.

13 Kerpen ist ein Dorf im Kreis Bergheim bei Köln.

14 Beethoven mit w.

15 Dieses Postscriptum befindet sich auf einem eigenen Blatt ohne Datierung. Wegeler hat es dem Brief vom 2. November 1793 angefügt. Aber es hat doch wohl eher seinen Platz nach dem vorliegenden Brief.

16 V. = Variationen.

17 mit w.

18 Nicolaus Simrock (1752–1833) war mit Beethoven Mitglied der Bonner Hofkapelle, sattelte 1790 zum Musiksortiment um und wurde Verleger. Er brachte Beethovens Horn-Sonate op. 17 heraus, ferner die Klaviersonaten op. 31, das Sextett op. 81b, die Violoncello-Sonaten op. 102 und die Variationen op. 107.

19 V. = Variationen. Gemeint sind wohl die C-Dur-Variationen (WoO 67).

20 Jean Traeg in Wien verlegte bereits 1795 die »Molinara«-Variationen (WoO 69) und 1798 Beethovens op. 9 (Streichtrios).

21 Beethoven dachte also immer noch an eine Rückkehr nach Bonn.

22 »der gute Ries« ist Beethovens Bonner Freund Ferdinand Ries (1784–1838), Sohn seines Geigenlehrers Franz Ries (1755–1846). Der junge Ries kam 1801 nach Wien und wurde Beet-

hovens Klavierschüler, ging nach 1805 auf Reisen und ließ sich 1824 in Frankfurt a. M. nieder.

23 gemeint ist das Bläser-Oktett op. 103 (!), komp. 1792.

24 13 Variationen für Klavier über die Ariette »Es war einmal ein alter Mann« aus Dittersdorfs »Das rote Käppchen« (WoO 66, komp. 1792).

25 Franz Gerhard Wegeler (1765–1848), Jugendfreund Beethovens, studierte Medizin, wurde nach seiner Promotion bereits 1784 Bonner Universitätsprofessor, 1794 Rektor, zog sich aber 1807 von der Lehrtätigkeit zurück und praktizierte als Arzt in Koblenz. Er war mit Eleonore von Breuning seit 1802 verheiratet. Seine mit Ferdinand Ries herausgegebenen *Biograph. Notizen über L. van Beethoven* (1838) sind von großer Bedeutung. – Der undatierte Brief muß zwischen 1794 und 1796 geschrieben worden sein.

26 Fürst Carl Lichnowsky (1756–1814), Förderer Mozarts und Freund Beethovens, der ihm u. a. sein op. 1 (Drei Klaviertrios), das op. 13 (»pathétique«), op. 36 (Zweite Sinfonie) widmete.

27 Johann Peter Frank (1745–1821), aus der Rheinpfalz stammender Arzt, war Professor in Göttingen und Pavia, wirkte 1795 bis 1804 als Chef der Inneren Klinik des Allgemein. Krankenhauses in Wien, wurde Professor in Wilna und Leibarzt des Zaren Alexander, kehrte 1808 nach Wien zurück. Frank gilt als Initiator der Sozialhygiene.

28 Unter »Ton« ist der physiologische Begriff des »Tonus« zu verstehen (»Faserspannung«). Vgl. dazu die völlig neue Aspekte erschließende Untersuchung von Horst Scherf über *Beethovens Krankheiten und seine Ärzte* in der von der Beethovengesellschaft München 1970 herausgegebenen Publikation (mit Beiträgen von G. v. Baranyai, W. Hess, R. Klein, A. Ott, J. Schmidt-Görg, E. Valentin, A. Würz und H. Scherf).

29 Gerhard von Vering (1755–1823), Stabsfeldarzt, war der Schwiegervater Stephan von Breunings.

30 Beethoven war ein eifriger Leser der *Vitae parallelae* des spätgriechischen Schriftstellers und Philosophen.

31 Bild von Heinrich Friedrich Füger (1751–1818).

32 Mit Stoffel ist Wegelers Schwager Christoph von Breuning gemeint.

33 Franz Ries (1755–1846), Beethovens Bonner Geigenlehrer; sein Sohn Ferdinand Ries (1784–1838). Vgl. Anm. 22.

34 Friedrich von Matthisson (1761–1831), der aus Hohendodeleben bei Magdeburg stammende Dichter, war zunächst Lehrer am Dessauer Philanthropinum, übte anschl. Hofmeisterdienste aus, war 1794–1812 in fürstl. Diensten in Dessau (1809 geadelt), dann im württembergischen Bibliotheksamt und lebte seit 1829 in Wörlitz. Beethoven, der Matthissons »An Laura« und »Opferlied« vertonte, widmete das »Kantate« betitelte und 1797 bei Artaria in Wien erschienene Lied »Adelaide« (op. 46) dem Dichter.

35 hier nachfolgend sind zwei Worte gestrichen.

36 Der Brief ist auf 1800 oder wohl richtiger auf 1801 zu datieren.

37 Carl Amenda (1771–1836), mit dem »Musikgrafen« Nikolaus Zmeskall v. Dumanovecz (1759–1833) Beethovens aufrichtiger Freund der ersten Wiener Jahre, war Theologe und verließ 1799 Wien, um in seine kurländische Heimat zurückzukehren.

38 Wer der mit... gekennzeichnete Mann war, ist nicht feststellbar (Waldstein?).

39 Anton Reicha (1770–1836)?

40 op. 18 Nr. 1 (1798/99), das Beethoven Amenda 1799 schenkte. Daher seine Bitte.

41 Fisikaturen, Vesicatorien = Vesicantia (Hautreizmittel).

42 V. = Vering.

43 Johann Adam Schmidt (1759–1808), aus der Nähe von Würzburg stammender Wiener Arzt, Professor der Anatomie am Josefinum. Beethoven, mit ihm befreundet, widmete ihm op. 38 (Klaviertrio nach dem Septett op. 20).

44 Ist das »zauberische Mädchen« Giulietta Guicciardi? Giulietta Guicciardi (1784–1856), Beethovens Schülerin, der er

die sog. »Mondschein«-Sonate (op. 27 II) von 1801 widmete, ging 1802 die unglücklich verlaufende Ehe mit Graf Gallenberg ein.

45 Stephan von Breuning war nach Abschluß des juristischen Studiums bis 1800 im Dienst des Deutschordens. 1815 kam es zu Zwistigkeiten zwischen Beethoven und Breuning, der in Wien geblieben war und dort unmittelbar nach Beethoven 1827 starb.

46 Das »Portrait«: evtl. Riedels Stich nach der Zeichnung von G. E. Stainhauser (1801).

47 L. = Lorchen.

48 Kaspar Anton Karl van Beethoven (1774–1815) und Nikolaus Johann von Beethoven (1776–1848), dessen Namen Beethoven merkwürdigerweise ausließ, waren seit 1794 bzw. 1795 in Wien ansässig. Dieser als »Heiligenstädter Testament« berühmt gewordene Brief wurde nach Beethovens Tod der Witwe Karls, der von Beethoven glühend gehaßten Johanna van Beethoven, am 21. Oktober 1827 ausgehändigt. Der Brief gelangte 1840 in die Hände Franz Liszts, von da an H. W. Ernst, von diesem über Jenny Lind und ihren Gatten O. Goldschmidt 1888 an die Hamburger Stadtbibliothek. (Die Schreibweise des Vornamens Carl betr. vgl. Fußnote S. 17).

49 Beethoven glaubte, 1772 geboren zu sein.

50 Die Musikinstrumente waren zwei Violinen (Guarneri, Amati), eine Viola und ein Violoncello (Guarneri); heute im Beethovenhaus in Bonn.

51 über Prof. Dr. Schmidt vgl. Anm. 43.

52 Sowohl Adressatin als auch Datum des Briefes sind unbekannt. Der dreiteilige Brief wurde nach Beethovens Tod von Breuning in Beethovens Nachlaß gefunden, war demnach nicht abgeschickt oder aber von Beethoven zurückgefordert worden. Die »Anwartschaft« auf die »unsterbliche Geliebte« wird verschiedenen der von Beethoven verehrten Frauen zugesprochen (Giulietta Guicciardi, Therese von Brunsvik, Amalie Sebald, wozu man vielleicht noch Therese Malfatti

zählen könnte). Von der betreffenden Dame hängt die Datierung ab, die zwischen 1801, 1807 und 1812 schwankt.

53 d. g. = dergleichen.

54 Fürst Nikolaus Esterhazy von Galantha.

55 K. = Korumpa in Ungarn (Therese von Brunsvik) oder Karlsbad (Amalie Sebald).

56 zwei Worte ausgestrichen.

57 W. = Wien.

58 Dieser von Gerhard von Breuning, dem Sohn Stephans, in seiner wertvollen Studie *Aus dem Schwarzspanierhaus* (1874) veröffentlichte Brief ist undatiert. Aber man reiht ihn wohl richtig in das Jahr 1804 ein, und zwar nach den im Brief von Ferdinand Ries (vom 24. Juli 1804) getanen Äußerungen. Daß nie mehr Freundschaft zwischen Beethoven und Breuning sein sollte, hatte Beethoven im »raptus« behauptet; denn das alte Freundschaftsverhältnis bestand bis zu Beethovens Tod.

59 Diese Bemerkung hat die Lesart veranlaßt, den Brief mit dem durch Beethovens Bruder Karl verursachten Konflikt in Verbindung zu bringen.

60 Aus etwa dieser Zeit stammt lediglich das 1802 entstandene Porträt von Christian Hornemann (1765–1844), evtl. auch der Riedelsche Stich (1801) nach der Zeichnung von Gandolph E. Stainhauser (1766–1805).

61 ohne Unterschrift.

62 Dieser an den Schüler und Freund Ferdinand Ries (1784–1838) gerichtete Brief ist in den von ihm und Wegeler 1838 veröffentlichten *Biograph. Notizen über L. van Beethoven* enthalten. Er bezieht sich auf Beethovens Zerwürfnis mit Stephan von Breuning. Man nennt als Grund Wohnungsstreitigkeiten. Man sollte das Mißtrauen des Schwerhörigen in Betracht ziehen, um das Aufbrausen einigermaßen begreifen zu können.

63 Die Freunde sind wahrscheinlich Lorenz von Breuning, der 1798 in Bonn starb, nachdem er 1794 in Wien das Medizin-

studium begonnen und den Unterricht Beethovens genossen hatte, und Franz Gerhard Wegeler.

64 Ries wohnte bei einem Schneidermeister mit drei Töchtern.

65 Ignaz v. Gleichenstein (1778–1828), aus der Nähe von Freiburg (Br.) stammend, war durch Stephan v. Breuning, mit dem er im Hofkriegsrat Wien zusammen tätig war, mit Beethoven früh bekannt geworden. Es entspann sich ein herzliches Freundschaftsverhältnis. Gleichenstein, seit 1811 mit Anna Malfatti verheiratet, verließ Wien und kehrte, nach einem Besuch 1824, eines Leidens wegen 1827 nach Wien bzw. Heiligenstadt zurück. Ihm hatte Beethoven 1807 die Violoncello-Sonate op. 69 gewidmet.

66 Karl Friedrich Bahrdt (1741–1792).

67 1807.

68 Therese Malfatti (1792–1851), Kusine des mit Beethoven befreundeten Arztes Johann Malfatti (1775 bis 1859). Der Brief an Beethovens Schülerin wird auf Frühjahr 1807 datiert.

69 Zitat aus Goethes *Egmont*.

70 anschließend vier Zeilen gestrichen.

71 wahrscheinlich Magdalene Gudemus.

72 Der erbetene Taufschein wurde am 2. Juni 1810 ausgestellt. Beethoven glaubte, laut handschriftlichem Vermerk auf der Rückseite, immer noch, 1772 geboren zu sein.

73 Wegeler lebte seit 1807 in Koblenz.

74 Ludwig Maria, geb. 2. April 1769, gest. 8. April 1769 in Bonn.

75 »Opferlied« von Matthisson (WoO 126).

76 Bettina Brentano (1785–1859), die Schwester Clemens Brentanos und seit 1811 Gattin Achim von Arnims, hatte Beethoven im Hause des Wiener Gelehrten Johann Melchior Edler von Birkenstock (1738–1809) bzw. dessen Tochter Antonie, die mit Bettinas Stiefbruder Franz verheiratet war, 1810 kennengelernt. Es existieren drei Briefe von Beethoven, von denen nur der hier wiedergegebene durch Autograph nachkontrollierbar ist; die beiden anderen sind datiert 11. August 1810 und vom 15. (?) August 1812.

77 Antonie Brentano, geb. Birkenstock (1759–1869). Ihr widmete Beethoven die Diabelli-Variationen op. 120; ursprünglich waren ihr auch die Sonaten op. 110 und 111 zugedacht.

78 Bettina wohnte in Berlin bei Savigny.

79 Schillers Distychon lautet:
Sprache gab mir einst Ramler und Stoff mein Caesar; da nahm ich
Meinen Mund etwas voll; aber ich schweige seitdem.

80 Bettina Brentano vermählte sich am 3. März 1811 mit Achim von Arnim.

81 aus Schillers *Jungfrau von Orleans.*

82 Es handelt sich um Clemens Brentanos *Kantate auf den Tod der Königin Luise* (1810), vertont von Johann Friedrich Reichardt (1752–1814).

83 Beethoven gibt als Absender an: »Beethoven wohnt auf der Mölker Bastej im Pascolatischen Hause.« Gemeint ist das Pasqualati-Haus.

84 Dieser Freund war der Wiener Bankangestellte Franz Oliva, dem Beethoven die Klaviervariationen op. 76 aus dem Jahre 1809 widmete. Er blieb bis 1820 in Wien und begab sich nach Rußland; er starb 1848, nunmehr Hauslehrer.

85 Bettina Brentano stellte den Kontakt zwischen Beethoven und Goethe her. Die persönliche Begegnung fand am 19. und 23. Juli 1812 statt.

86 Die Musik zum *Egmont* (op. 84) entstand 1809/10 und kam am 15. Juni 1810 zur theatralischen Uraufführung. Die Stimmen erschienen im Dezember 1810, der Klavierauszug 1812. Die Originalpartitur erhielt Goethe am 23. Januar 1812 (Druckpartitur erschien erst 1831).

87 Goethe antwortete aus Karlsbad am 25. Juni 1811.

88 Auf Rat seines damaligen Arztes Dr. Malfatti hatte sich Beethoven im Juli 1811 zur Kur nach Teplitz begeben, wo er durch Vermittlung Olivas zuerst mit Elisa von der Recke und August Tiedge, dann vor allem mit Karl August Varnhagen von Ense in regen Kontakt kam. Ein Jahr später, im Juli 1812, dies-

mal auf Veranlassung des Arztes Dr. Staudenheimer, wiederholte er die Kur in Teplitz. Am 19. Juli besucht ihn Goethe; ein zweites Mal trafen sie sich am 23. Juli. Danach begab sich Beethoven nach Karlsbad, anschließend nach Franzensbad.

89 Karl August Varnhagen von Ense (1785–1858), seit 1814 mit Rahel Levin (1771–1833) verheiratet, Offizier, Diplomat und Schriftsteller, seit 1809 österreichischer Offizier in Prag, 1810 Adjutant des Generals von Bentheim, dann in russischen, später in preußischen Diensten (Hardenberg), Ministerpräsident von Baden, 1819 entlassen, 1824 in den Ruhestand versetzt, seit 1824 in Berlin.

90 gemeint ist der preußische General Wilhelm von Willisen (1790–1879).

91 Wilhelm von Bentheim, den Varnhagen 1810 nach Paris begleitete.

92 Erzherzog Rudolph (1799–1831), Sohn Kaiser Leopolds II., war seit 1804 Beethovens Schüler. Er wurde 1819 Kardinal und Erzbischof von Olmütz. Ihm widmete Beethoven op. 58 (das 4. Klavierkonzert), op. 73 (das 5. Klavierkonzert), op 81a (»Les adieux«), op. 96 (Violinsonate), op. 97 (Klaviertrio), op. 106 und op. 111 (Klaviersonaten), die »Missa solemnis« op. 123, die zur Inthronisation Rudolphs zum Erzbischof begonnen war, op. 133 und 134 (Große Fuge).

93 Franzensbad?

94 im Sommer 1812.

95 Giovanni Battista Polledro (1781–1853), Schüler Pugnanis.

96 »frühere Sonaten«: op. 12, op. 23, op. 24, op. 30, op. 47, d. h. 1797/98 und 1802/03.

97 Amalie Sebald (1787–1839), eine der mutmaßlichen Anwärterinnen auf den Ehrentitel der »unsterblichen Geliebten«, war Sängerin, Schülerin Karl Friedrich Zelters in Berlin.

98 Der berühmte Leipziger Verlag gehört mit den Verlagen Artaria (Wien), Bureau des arts et d'industrie (Peters, Leipzig), Haslinger (Wien), Hoffmeister (Leipzig), Mollo (Wien),

Schlesinger (Berlin), Schott (Mainz), Simrock (Bonn), Steiner (Wien), Thomson (London), Traeg (Wien) zu den Verlegern, die die meisten Werke Beethovens zu dessen Lebzeiten herausbrachten.

99 Dr. Staudenheim (Staudenheimer)?

100 Mit diesem Brief, dem ersten von drei bis zum Februar 1813 an die Fürstin Caroline Maria Kinsky, geb. von Kerpen (1782–1841) gerichteten Briefen in der Angelegenheit der Weiterzahlung der ihm von Fürst Ferdinand Kinsky (1781–1812), Erzherzog Rudolph und Fürst Franz Joseph von Lobkowitz 1809 ausgesetzten Lebensrente, beginnt der Ärger um den in Prag ausgetragenen Prozeß, ärgerlich um so mehr, als ihm Fürst und Fürstin Kinsky, von Beethoven mit Widmungen bedacht, wohlgesinnt waren.

101 Das Miserabilis bezieht sich auf Beethovens Gesundheit und die prozessuarischen Ärgernisse.

102 Joseph von Varena war Kammerprokurator in Graz und veranstaltete dort Wohltätigkeitskonzerte.

103 Beethovens Gönner Franz Joseph Fürst v. Lobkowitz starb 1816 (Beethoven hatte ihm u. a. op. 18, op. 67 und 68, 74, 98 gewidmet). Der älteste Sohn hieß Ferdinand (geb. 1797). Lobkowitz hatte 1811 Bankrott gemacht.

104 Bissingen gehörte der genannten »hochgeschätzten Gesellschaft« an.

105 T. = Theater.

106 Die Uraufführung des »Fidelio«, d. h. der dritten und endgültigen Fassung der »Leonore«, fand am 22. Mai 1814 im Wiener Kärntnertor-Theater statt (mit der Ouvertüre am 26. Mai). Die zweite Fassung von 1806 hatte Beethoven trotz Erfolg nach zwei Aufführungen zurückgezogen.

107 Die Leonore sang Anna Milder-Hauptmann. Vogel ist Schuberts Freund Johann Michael Vogl (1768–1840).

108 In dem seit 1811 laufenden Prozeß gegen das Haus Kinsky und Fürst Lobkowitz, um dessen Beschleunigung willen sich Beethoven auch an Erzherzog Rudolph gewandt hatte, spielte

der Prager Advokat Dr. Johann Kanka eine verständige Rolle. Der Brief wurde 1814 geschrieben.

[109] Bezug vielleicht auf Schillers *Teilung der Erde.*

[110] Johann Xaver Brauchle, an den dieser auf 1815 zu datierende Brief gerichtet ist, war Erzieher im Hause der Gräfin Marie v. Erdödy.

[111] Die Violoncello-Sonaten op. 102, der Gräfin Marie v. Erdödy gewidmet.

[112] Der erst 1928 bekannt gewordene Antrag an das Niederösterreichische Landrecht (Appellationsgericht) vom 20. Dezember 1815 ist das Gegenstück zum ausführlichen Schreiben an den Wiener Magistrat (Zivilgericht) vom 1. Februar 1819, der für Beethoven zuständig war. Das Landrecht kam mit Entscheid vom 9. Januar 1816 auf Grund der »mitgetheilten Criminal Acten« zu demselben für Beethoven positiven Ergebnis wie das Zivilgericht. (Vgl. die Anmerkungen zum Brief vom 1. Februar 1819). Beethoven hat sich am 25. September 1818, am 15. Dezember desselben Jahres und am 7. Januar 1820 nochmals an das Landrecht gewandt, um sich gegen die Einmischungsversuche seiner Schwägerin abzuschirmen.

[113] Beethovens Neffe war 1806 geboren.

[114] Dr. Schönauer, Verlassenschaftskurator.

[115] gestorben 15. November 1815.

[116] Beethoven schreibt Vien statt Wien.

[117] Anna Milder-Hauptmann (1785–1838), die Leonore der Wiener »Fidelio«-Uraufführung, hatte diese Partie 1815 auch in Berlin gesungen.

[118] Friedrich de la Motte-Fouqué (1777–1843), der Dichter der »Undine«. Der Opernplan ist wie alle anderen (u. a. auch mit Grillparzer) Plan geblieben.

[119] Bernhard Anselm Weber (1766–1821).

[120] Kaspar Karl van Beethoven war am 15. November 1815 gestorben.

[121] Anschließend in Noten gesetzt: »ich küsse sie, drücke sie an mein Hertz! Ich der Hauptmann, der Hauptmann«,

und in Worten: »(fort mit allen übrigen falschen Hauptmännern)«.

[122] Anna Maria Gräfin Erdödy (1779–1837), geb. Niczky, lebte seit 1824 in München.

[123] Vgl. Anm. 120.

[124] Carl van Beethoven (1806–1858).

[125] Johanna van Beethoven, geb. Reiss (ca. 1786–1868).

[126] Joseph Linke, Violoncellist; ihm und der klavierspielenden Gräfin war op. 102 zugedacht.

[127] Magister Johann Xaver Brauchle, Erzieher der Kinder der Gräfin.

[128] op. 102; die »Veränderung« hat nicht stattgefunden.

[129] Cajetan Giannatasio del Rio, Inhaber und Leiter des Erziehungsinstitutes, in dem Beethovens Neffe zwei Jahre untergebracht war. (Vgl. Beethovens Brief an den Wiener Magistrat vom 1. Februar 1819.) Dieser Brief ist auf Ende 1816 zu datieren.

[130] Dr. Karl von Smetana (1774–1827) hatte 1816 Beethovens Neffen operiert (Bruchoperation), wurde 1822 wegen des Gehörleidens zu Rate gezogen und behandelte Beethoven 1823 wegen einer Augenentzündung.

[131] 1817.

[132] Nanette Streicher (1769–1833) war die Tochter des Augsburger Klavierbauers Johann Andreas Stein, verheiratet mit Schillers Schulfreund Andreas Streicher, mit dem sie die Werkstatt ihres Vaters in Wien weiterführte. Sie war Beethovens fürsorgliche Betreuerin seiner letzten zehn Lebensjahre.

[133] Wilhelm Gerhard (1780–1858), Kaufmann und Poet in Leipzig, hatte oft aus geschäftlichen Gründen in Wien zu tun, wo ihm Beethoven 1816 das Manuskript zum Lied »Gretels Warnung« nach dem Gedicht von G. A. v. Halem (op. 75 Nr. 4) schenkte.

[134] Dieser Satz ist für Beethovens dem 18. Jahrhundert verbundene Musikanschauung aufschlußreich.

[135] Die mozartnahe Wortspielerei bezieht sich auf den Mädchen-

namen der Adressatin; der »Komparativ« desselben ergibt den Namen des Beethoven befreundeten Musikverlegers Steiner, den er seinen Generalleutnant nannte.

136 unbekannt.

137 Beethovens Neffe.

138 gemeint ist der Mödlinger Pfarrer Johann Baptist Fröhlich. In einer gutachtlichen Äußerung, die dem Schreiben des Hofkonzipisten Jacob Hotschevar (11. Dezember 1818) an das K. K. Niederösterr. Landrecht beigefügt war, hatte er seine mündlich ausgesprochenen Einwände gegen die Erziehungsfähigkeit Beethovens wiederholt. Das genannte Schreiben wurde zuständigkeitshalber an den Wiener Magistrat weitergeleitet.

139 1819.

140 Der außergewöhnlich umfangreiche Brief vom 1. Februar 1819 (nicht 1818) ist, als Eingabe an den Wiener Magistrat, deshalb ausgewählt, weil er – aus Beethovens Sicht – die ganze Prozedur um die Vormundschaft des Neffen Carl darstellt. Die Vorgänge hatten 1815 begonnen. Im Dezember 1818 wurde von seiten der Schwägerin Beethoven die Erziehungsberechtigung erstmals strittig gemacht. Da Beethoven das »van« für ein Adelsprädikat hielt, waren die Verhandlungen vor dem Niederösterr. Landrecht ausgetragen worden. Die Angelegenheit wurde am 18. Dezember 1818 zuständigkeitshalber (»da er keinen Adel aufzuweisen im Stande sey«) an den Wiener Magistrat überwiesen. Der langwierige Streit wurde am 24. Juli 1820 dadurch beendet, daß Beethoven »mittels höchsten Hofdecrets« die Vormundschaft (gemeinsam mit Karl Peters) endgültig zugesprochen wurde. Sämtliche Verhandlungsunterlagen sind im 3. Anhang des 4. Bandes der Beethoven-Biographie von Thayer-Deiters-Riemann (1907) mitgeteilt. Vgl. ferner die Ergänzungen Ludwig Schiedermairs im Neuen Beethoven-Jahrbuch 1938. – Zu den im Text erwähnten Namen u. a.: Anton Josef Stein (1759–1844), Professor am Gymnasium St. Anna (daselbst Lehrer Grillparzers)

und an der Universität Wien, Textverfasser von Beethovens »Hochzeitslied« (WoO 105) für Anna Giannastasio del Rio (1819), Alois Weißenbach (1766–1821, nach anderer Lesart 1827), aus Tirol stammender Chirurg und Dichter in Salzburg, verfaßte 1814 den Text zur Kantate »Der glorreiche Augenblick« (op. 136).

141 Beethoven hatte seinen Neffen 1816 dem Institut des Cajetan Giannatasio del Rio, mit dessen Familie er Kontakt pflegte, anvertraut. In der Musik wurde der Neffe von Beethovens Schüler Carl Czerny unterwiesen. Ende 1817 entschloß sich Beethoven, seinen Neffen zu sich zu nehmen. Die Unterrichtung überließ er 1819 Hermann Kudlich. Im Juni desselben Jahres übergab ihn Beethoven dem Lehrinstitut von Joseph Blöchinger. Beethovens Absicht, ihn dem Einfluß der Mutter dadurch zu entziehen, daß er ihn dem damals in Landshut lehrenden bedeutenden Theologen und Pädagogen Johann Michael Sailer (1751–1832) anvertraute, scheiterte an Paßschwierigkeiten.

142 dergleichen.

143 Landrechte.

144 Jacob Hotschevar hatte die Eingabe an das Landrecht vom 11. Dezember 1818 im Sinne der Mutter geschrieben.

145 Johann Baptist Fröhlich. Vgl. den Brief an Nanette Streicher vom 18. Juni 1818.

146 E. T. A. Hoffmann (1776–1822) hatte als Mitarbeiter von Friedrich Rochlitz' *Allgemeine Musikalische Zeitung* (seit 1809) über Beethovens Werke Rezensionen veröffentlicht: 1810 über die 5. Sinfonie, 1812 »Coriolan«-Ouvertüre, 1813 »Beethovens Instrumentalmusik« (in der *Zeitung für die elegante Welt*, aufgenommen in die »Kreisleriana« 1814), C-Dur-Messe, »Egmont«.

147 Ludwig Rellstab?

148 Der Violoncellist und Komponist Bernhard Romberg (1767–1841) und sein Vetter, der Komponist, Dirigent und Geiger Andreas Romberg (1767–1821) waren von 1790 an in Bonn

und mit Beethoven eng befreundet. Zur Zeit dieses Briefes war Romberg, der sonst in Hamburg lebte, in Wien.

149 Messe (»Missa solemnis«).

150 In einem Brief vom 26. Juli 1822 an den Verlag Peters (Leipzig) erklärt sich Beethoven mit dem Honorar von 1000 fl. (»in 20 Guldenfuss«) einverstanden. In besagtem Brief entschuldigt er die Verzögerung der Korrekturen mit Krankheit.

151 Georg August Griesinger (gest. 1828), Legationssekretär der sächs. Gesandtschaft, Verlagskommissionär, Verf. der *Biogr. Notizen über J. Haydn* (1810).

152 Erzherzog Rudolph, seit 1819 Erzbischof von Olmütz.

153 Beethovens Bruder Nikolaus Johann (1776–1848) war seit 1812 mit der Wiener Bäckermeisterstochter Therese Obermayr (1787–1828) verheiratet. Er war Apotheker (Wien, Linz, Urfahr), wurde durch Heereslieferungen reich und deshalb seit 1819 Gutsbesitzer (»Wasserhof« in Gneixendorf bei Krems). Beethoven hatte ursprünglich starke Einwendungen gegen die Eheschließung, da Therese nicht im besten Ruf stand. Sie hatte zwei außereheliche Kinder, von denen das eine bereits 1809 starb. Die erwähnte Tochter ist Amalie Waldmann (geb. 1807).

154 Wiener Musikverleger und -sortimenter, dem Beethoven die Missa solemnis angeboten hatte.

155 Johann van Beethoven hatte seinem Bruder finanziell ausgeholfen und versuchte, bei der »Unterbringung« der Messe an die Hand zu gehen.

156 Simrock in Bonn.

157 Chor zum Festspiel »Die Weihe des Hauses« (WoO 98); die nachfolgend erwähnte Ouvertüre ist op. 124.

158 Der Brief vom August 1822 ist bis auf die Unterschrift von Beethovens Neffen Carl geschrieben, der folgendes Postscriptum anfügt: »Auch ich wünsche herzlich, daß Sie nach Baden kämen, so lange ich noch daselbst mit meinen lieben Onkel bin, wir würden gewiß noch recht vergnügt seyn. Ich grüße Sie herzlich und bin Ihr Carl.«

159 1823.

160 vgl. Anm. 178 und 227.

161 vgl. den Brief an Johann von 1822, die Ehe Johanns betreffend.

162 Musik zu Kotzebues »Ruinen von Athen« (op. 113) aus dem Jahre 1811, Marsch und Chor wurden 1822 als op. 114 für das Festspiel »Die Weihe des Hauses« im Theater in der Josephstadt übernommen.

163 1823.

164 Ort (Wien!) und Datum unterstrichen.

165 op. 112.

166 nicht komponiert.

167 Beethoven hat die 1809 bis 1822/23 komponierte »Missa solemnis« (op. 123) an mehrere Pränumeranten und Verlage geschickt; erschienen ist sie bei Schott (Mainz).

168 dergleichen.

169 Dr. Johann Baptist Bach, Hofgerichtsadvokat, war Beethovens Rechtsberater.

170 Beethovens Codizill vom 23. März 1827 bestätigte den Neffen Carl als Alleinerben.

171 Ludwig van Beethoven (1712–1775).

172 Erard-Instrument von 1803.

173 der mehrfach genannte Wiener Verleger.

174 Verhandlungen mit B. Schotts Söhne.

175 nach Albert Leitzmann: Franz und Antonie von Brentano.

176 Die Adresse lautet: »An Seine Wohlgebohrn Hr. Dr. B. Bach« und schließt mit dem Notenzitat BACH.

177 Die künstlerische Hauptbeschäftigung galt der 9. Sinfonie; die »Diabelli«-Variationen waren bereits im April abgeschlossen.

178 Über Anton Schindler vgl. Anmerkung 227. Beethoven, der sich 1824 mit Schindler überwarf, war im Sommer 1823 von starken Depressionen erfüllt und deshalb gegen seine Umgebung unwillig und ungerecht.

179 Hans Georg Nägeli (1773–1836), der bedeutende Verleger, Pädagoge – als solcher Anhänger Pestalozzis –, Organisator,

Schriftsteller, Ästhetiker und Komponist; er verlegte u. a. Orgelwerke von Bach sowie Beethovens op. 31.

180 s. den Brief an Erzherzog Rudolph vom 23. August 1824.

181 Erzherzog Rudolph.

182 *Vorlesungen über Musik, vornehmlich für Dilettanten* (Stuttgart/Tübingen 1826), mit Widmung an Erzherzog Rudolph.

183 Das Billett, vermutlich aus dem Frühjahr 1825, ist hier um der letzten Zeilen willen wiedergegeben.

184 Ludwig Rellstab (1799–1860), Schriftsteller, studierte Musik, war Offizier, seit 1823 Musikkritiker in seiner Vaterstadt Berlin.

185 Goethes Freund Carl Friedrich Zelter (1758–1832), Leiter der Berliner Singakademie, Gründer der »Liedertafel« sowie des kgl. Instituts für Kirchenmusik (1822). Beethoven war ihm 1796 in Berlin und 1819 in Wien begegnet.

186 Dieser Text steht auf der Rückseite des Briefes und endet mit der Melodie »Das Schöne zu dem Guten« (WoO 203), denselben Text aus dem »Opferlied« von Matthisson hatte Beethoven 1823 für Marie Pachler-Koschak (Graz) niedergeschrieben; dort heißt es »Das Schöne zum Guten« (WoO 202).

187 1825.

188 Beethovens Neffe war am 4. September 1806 geboren.

189 Prof. Dr. Anton Braunhofer behandelte Beethoven 1820–1826. Beethoven widmete ihm 1820 das »Abendlied unterm gestirnten Himmel« (WoO 150).

190 mefitisch = stinkend.

191 Brownianer, Anhänger der Erregungslehre des englischen Mediziners John Brown (1735–1788).

192 Stollianer, Anhänger des deutschen Humoralpathologen Max Stoll (1742–1787), der die Wiener Schule begründete.

193 Dieser Beethoven-Text ist in Noten gesetzt und als Kanon (WoO 189) angeführt; ebenfalls an Braunhofer richtete Beethoven am 4. Juni 1825 den Kanon »Ich war hier, Doktor« (WoO 190).

194 Mitvormund.

195 ohnehin.

196 Vgl. die Anmerkungen zum Brief Beethovens an Cajetan Giannatasio del Rio vom Ende des Jahres 1816. Beethoven schreibt den Namen des Arztes Smettana oder auch Smettano.

197 Selbstmordversuch des Neffen.

198 Dieser undatierte Brief – einer unter zahlreichen Briefzetteln an den Neffen – bezieht sich wohl auf den Selbstmordversuch Carls. Dieser Neffe wurde auf Geheiß Beehovens Offizier (Unterleutnant), verheiratete sich 1812 und starb 1858 in Wien. Er hinterließ fünf Kinder, die bürgerlichen Berufen nachgingen; lediglich Ludwig Johann (geb. 1839) machte noch einmal »furore«, indem er hochstaplerischer Umtriebe wegen in München mit dem Gesetz in Konflikt kam; später war er als Louis von Hoven in den USA, zuletzt als Direktor der Pacific Railroad in New York. Sein Sterbeort und -datum sind nicht bekannt.

199 Wohl Karl Holz (1798–1858), seit 1825 Beethovens Berater. Holz war Beamter und renommierter Musikliebhaber.

200 Die kuriose Legende, daß Beethoven ein illegitimer Sohn Friedrich Wilhelms II. von Preußen sei, hatte das *Dictionnaire historique des musiciens* von Charon und Fayolle (1. Band) bereits 1810 aufgebracht und wurde noch lange kolportiert. Joseph Schmidt-Görg macht in seiner Geschichte der Familie Beethoven (Bonn-München 1964) darauf aufmerksam, daß 1836 auch holländische und noch 1927 spanische Geburts- bzw. Herkunftsansprüche geltend gemacht worden sind.

201 Die schwedische Ehrung erfolgte 1823, die holländische bereits 1809.

202 Gemeint ist der Bibliothekar Samuel Heinrich Spiker (1786–1858) aus Berlin. Spiker, Übersetzer der »Schottischen Lieder« op. 108, war eigens nach Wien gereist.

203 9. Sinfonie op. 125.

204 Friedrich Wilhelm III. von Preußen. Ursprünglich sollte sie Zar Alexander gewidmet werden.

[205] Über den österr. Gesandten in Berlin Fürst Franz Ludwig v. Hatzfeldt.

[206] Die Ludwig XVIII.-Münze hatte Beethoven 1824 erhalten.

[207] 1814 war das Porträt von Höfel nach Letronne entstanden, drei Jahre später die Lithographie von Klöber, um 1820 die Lithographie von Schimon nach dem Gemälde von Hoffmann, um 1823 die Lithographie nach Lyser. Stielers Porträt stammt aus den Jahren 1819/20, das Waldmüllers aus dem Jahre 1823.

[208] Wegeler hat diesen Brief in seinen *Biographischen Notizen* (1838) veröffentlicht. Er glaubte sich daran zu erinnern, daß er Beethoven eine Badekur im Böhmischen empfohlen und ihm vorgeschlagen hatte, ihn dort abzuholen und zu sich nach Koblenz zu nehmen.

[209] Stephan v. Breuning.

[210] Nur die Unterschrift ist von Beethovens Hand.

[211] George Thomas Smart, Dirigent in London (vgl. Anm. 215, 217 und 218).

[212] Der Mainzer Verlag hatte bereits mehrere Werke Beethovens übernommen, u. a. die »Missa solemnis«, die 9. Sinfonie, die Bagatellen op. 126, das Es-Dur-Quartett op. 127.

[213] Streichquartett in cis-moll op. 131.

[214] Das Werk war ursprünglich dem Textilkaufmann und Beethoven-Freund Johann Nepomuk Wolfmayer zugedacht (ihm wurde das F-Dur-Quartett op. 135 gewidmet). Die Dedikation an den Feldmarschall-Lieutenant Joseph v. Stutterheim (1764–1831) erfolgte deshalb, weil er dem Neffen Beethovens nach dessen Selbstmordversuch von 1826 eine Stellung in dem ihm unterstehenden Regiment in Iglau verschafft hatte.

[215] Ignaz Moscheles (1794–1870), Komponist, Klaviervirtuose und Dirigent, hatte nach Prager Studien in Wien noch den Unterricht Albrechtsbergers und Salieris erhalten, trat in Beziehungen zu Beethoven, in Freundschaft mit Hummel und Meyerbeer verbunden. Nach Konzertreisen blieb er 1821 in London, bis ihn 1846 sein Schüler Mendelssohn nach Leipzig

berief; Moscheles setzte sich in London für Beethoven ein (»Missa solemnis« 1832), übersetzte Anton Schindlers Beethoven-Biographie.

216 Lewinger (Loewinger), Korrespondent.

217 In diesem Brief, dem er ein Schreiben an Smart beifügte, spricht Beethoven von dem ihm angebotenen Konzert der Philharmonic Society in London. An Smart schreibt er: »Denn leider liege ich schon seit den ersten (Tagen) des December an der Wassersucht darnieder …«, an Moscheles: »Ganz anders aber ist es jetzt, wo ich schon bald volle drei Monate an einer langwierigen Krankheit darnieder liege.« Im weiteren spricht er auch von seiner wirtschaftlichen Notlage.

218 George Thomas Smart (1776–1867), englischer Dirigent und Komponist, Beethoven- und Schumann-Apostel.

219 Johann Nepomuk Hummel (1778–1837), Schüler Mozarts, dann Albrechtsbergers und Salieris, Nachfolger Haydns in Eisenstadt, Musiklehrer in Wien, Hofkapellmeister in Stuttgart und Weimar, Komponist und Klaviervirtuose, als welcher er u. a. auch nach England kam.

220 Johann Baptist Freiherr v. Pasqualati (1777–1830), »Hausherr« Beethovens 1804–1815 auf der Mölkerbastei in Wien, Beethoven als Freund und Ratgeber nahestehend. Beethoven widmete ihm op. 118 (»Elegischer Gesang«).

221 Der Brief ist mit 6. März 1827 datiert.

222 Dr. Johann Malfatti, mehrfach erwähnter Arzt und Freund Beethovens.

223 Gemeint ist der niederösterreichische Gumpoldskirchner Wein.

224 Das Billett ist undatiert.

225 ohne Unterschrift.

226 undatiert.

227 Anton Schindler (1798–1864), mit Beethoven seit 1814 bekannt, seit 1816 dessen Adlatus bis 1824, nach dem Zerwürfnis 1826 wieder in Beethovens Kreis aufgenommen, war von Beruf Kapellmeister.

[228] Das Zeichen ⁒. bedeutet Wiederholung.
[229] Gemeint sind Dr. Andreas Wawruch, Professor der Pathologie an der Universität Wien, Beethovens letzter behandelnder Arzt, und der Chirurg Dr. Seibert, Primararzt des Wiener Allgemeinen Krankenhauses.
[230] Dr. Johann Malfatti, mit dem sich Beethoven 1817 entzweit hatte, weil er dessen Assistenten Andreas Bertolini zu Rate gezogen und sich dann dem Stoll-Schüler Jakob Staudenheim anvertraut hatte, wurde durch Vermittlung Schindlers hinzugezogen.

Zeittafel

1770 Ludwig van Beethoven am 16. oder 17. Dezember als Sohn des Hoftenoristen Johann van Beethoven und seiner Ehefrau Maria Magdalena Leym, geb. Keverich, in Bonn geboren (Boucher, Tartini gest.; Hölderlin, Hegel geb.)

1773 Tod des Großvaters, des Hofkapellmeisters Ludwig van Beethoven in Bonn (geb. 1712 in Mecheln). (Nägeli, Tieck, Kiesewetter geb.)

1774 Geburt von Beethovens Bruder Kaspar Anton Karl und des späteren Freundes Stephan von Breuning in Bonn. Johann van Beethoven beginnt mit der musikalischen Unterweisung seines Sohnes.

1775 Therese von Brunsvik geboren. (Schelling gest.)

1776 Geburt von Beethovens Bruder Nikolaus Johann in Bonn (E. T. A. Hoffmann geb.)

1777 (Kleist geb.)

1778 Beethovens Konzert in Köln. Gilles van den Eeden (gest. 1782) Beethovens Musiklehrer (Mozart in Paris; Tod seiner Mutter; Rousseau gest.)

1779 Geburt und Tod von Beethovens Schwester Anna Maria Franziska. Christian Gottlob Neefe (1748–1798) und Tobias Friedrich Pfeiffer in Bonn. Pfeiffer und Franz Georg Rovantini (gest. 1781) Beethovens Lehrer.

1780 Neefe übernimmt Beethovens Ausbildung. Willibald Koch unterweist Beethoven im Orgelspiel. Organistendienst.

1781 Geburt von Beethovens Bruder Franz Georg (gest. 1783), Konzertreise nach Amsterdam.

1782 Beethovens »Dressler-Variationen« werden gedruckt.

Beethoven Vertreter Neefes im Organistenamt (J. Chr. Bach gest.)

1783 Beethoven Vertreter Neefes als Cembalist im Hoforchester. Franz Ries (1755–1846) Beethovens Geigenlehrer. Erscheinen der »Kurfürsten«-Sonaten.

1784 Beethoven 2. Hoforganist. Kompositionen (u. a. Klavierkonzert in Es-Dur). Tod des Kurfürsten Maximilian Friedrich von Königsegg-Aulendorf; sein Nachfolger: der Habsburger Maximilian Franz.

1785 Komposition von drei Klavierquartetten.

1786 Geburt von Beethovens Schwester Maria Margareta Josefa (gest. 1787). Freundschaftlicher Verkehr im Hause Breuning. Beginn der Freundschaft mit Franz Gerhard Wegeler, Gerhard und Karl von Kügelgen und später Ferdinand von Waldstein. Erhebung der Bonner Akademie zur Universität. (C. M. von Weber geb.)

1787 Beethovens Reise nach Wien (über Koblenz, Frankfurt, Oettingen-Wallerstein, Augsburg, München und Linz). Begegnung mit Mozart. Wegen Erkrankung der Mutter nach Bonn zurückgerufen. Heimreise über Augsburg (Josef v. Schaden). Tod der Mutter (17. Juli). (L. Mozart, Gluck gest.)

1788 Mozarts letzte Sinfonien (Ph. E. Bach gest.; Eichendorff, Schopenhauer geb.)

1789 Beethoven Student an der Universität Bonn. Bratschist an der Hofkapelle. Entlassung des Vaters aus dem Hofdienst. Beethoven übernimmt die Verantwortung für die Familie, da sich der Vater dem Trunk ergibt.

1790 Joseph Haydn auf der Reise nach England in Bonn. Beethovens »Kaiserkantaten« und Musik zu einem »Ritter-Ballett«. (Raimund geb.)

1791 Reise nach Aschaffenburg (Begegnung mit Franz Xaver Sterkel) und Bad Mergentheim. Komposition eines Violinkonzert-Fragments. (Mozart gest.; Grillparzer geb.)

1792 Beschäftigung mit Schillers »Ode an die Freude«. Komposition des Streichtrios op. 3. Abreise nach Wien. Begegnung mit Lichnowsky. Beethovens Vater Johann van Beethoven gestorben.

1793 In Wien Unterricht bei Joseph Haydn und Johann Schenk. Der Wiener Freundeskreis mit Wegeler (bis 1795), Zmeskall und Amenda.

1794 Unterricht bei Johann Georg Albrechtsberger und Antonio Salieri. Karl v. Beethoven läßt sich in Wien nieder. Erste Anzeichen des Gehörleidens. Vollendung der Klaviertrios op. 1. Haydn nach England.

1795 Beethovens erstes Konzert in Wien. Mitwirkung im Konzert Joseph Haydns. Uraufführung des 1. und 2. Klavierkonzerts (op. 15 und 19; das 2. Konzert ist vor dem 1. entstanden). Bruder Johann van Beethoven wird in Wien ansässig.

1796 Reise nach Berlin über Nürnberg, Prag und Dresden. Begegnungen mit Carl Friedrich Zelter, Prinz Louis Ferdinand, Friedrich Wilhelm II. von Preußen u. a. Komposition der Klaviersonaten op. 2 (bereits 1795?), der Violoncello-Sonate op. 5 (für Duport) und der »Adelaide« op. 46.

1797 Komposition der Klaviersonate op. 7. (Schubert, Heine, Donizetti geb.)

1798 Reise nach Prag. Komposition der Klaviersonaten op. 10 und der Violinsonaten op. 12 (Neefe gest.)

1799 Komposition der 1. Sinfonie op. 21, der Klaviersonaten op. 13 (»pathétique«), op. 14 und op. 49 II (Beaumarchais gest.; Balzac geb.)

1800 Komposition der Streichquartette op. 18, des Septetts op. 20, des 3. Klavierkonzerts op. 37, des Balletts »Geschöpfe des Prometheus« op. 43, Uraufführung der 1. Sinfonie. Reise nach Budapest.

1801 Komposition der Violinsonate op. 24 (»Frühlingssonate«) und der Klaviersonate op. 26 bis 28. Stephan v. Breuning, Ferdinand Ries, Anton Reicha in Wien. Giulietta Guicciardi (»unsterbliche Geliebte«?) Beethovens Schülerin. Briefe an Wegeler und Amenda wegen seines Gehörleidens. (Bellini, Lortzing, Nestroy geb.)

1802 Komposition der sog. »Eroica«-Variationen op. 35, der Klaviersonaten op. 31, der Violinsonaten op. 30, der 2. Sinfonie op. 36. Das »Heiligenstädter Testament«. Reise nach Pystian.

1803 Arbeit an der »Bonaparte«-Sinfonie (1804 »Eroica«, 3. Sinfonie op. 55), Komposition der Violinsonate op. 47 (»Kreutzer«-Sonate), der Oratorienkantate »Christus am Ölberg«, der Gellert-Lieder op. 48. Beginn der Beziehungen zu Erzherzog Rudolph. Begegnung mit Abbé Vogler. Opernvertrag mit Emanuel Schikaneder. Uraufführung des 3. Klavierkonzerts. (Herder gest.; Berlioz geb.)

1804 Vollendung und Uraufführung der »Eroica«. Komposition der Klaviersonaten op. 53 (»Waldstein«-Sonate), op. 57 (sog. »Appassionata«, Titel erst 1838 frei erfunden), des »Andante favori«. (Napoleons Kaiserkrönung; J. A. Hiller gest.; Glinka geb.)

1805 Komposition des 4. Klavierkonzerts op. 58 und der »Leonoren«-Ouvertüren I und II. Uraufführung des »Fidelio«. (Napoleon in Schönbrunn; Schiller gest.)

1806 Komposition der »Leonoren«-Ouvertüre III, der 4. Sinfonie op. 60, des Violinkonzerts op. 61, der Rasumowsky-Quartette op. 59. Uraufführung des Violinkonzerts und des »Fidelio« (zweite Fassung). Reisen nach Grätz und nach Ungarn. Verehelichung des Bruders Karl. Geburt des Neffen Carl.

1807 Komposition der 5. Sinfonie op. 67, der »Coriolan«-Ouvertüre, der C-Dur-Messe op. 86. Uraufführung der 4. Sinfonie, des 4. Klavierkonzerts und der Messe (in Eisenstadt).

1808 Beethovens Berufung nach Kassel an den Hof des Königs Jérôme. Komposition der 6. Sinfonie (»Pastorale«) op. 68 und der Chorfantasie op. 80. Uraufführung der 5. und 6. Sinfonie. Bruder Johann übernimmt Apotheke in Linz.

1809 Komposition des 5. Klavierkonzerts op. 73, des Streichquartetts op. 74, der Klaviersonaten op. 78, 79, 81a, Beethoven bleibt in Wien (Vertrag einer Jahresrente). Korresp. Mitglied des Instituts für Literatur und Schöne Kunst in Amsterdam. (Haydn und Albrechtsberger gest.; Mendelssohn, Proudhon geb.)

1810 Komposition der Musik zum »Egmont« op. 84, des Streichquartetts op. 95. Uraufführung des »Egmont« und des 5. Klavierkonzerts (in Leipzig). Heiratspläne. Begegnung mit Bettina Brentano. (Chopin und Schumann geb.)

1811 Komposition der 7. Sinfonie op. 92. Reise nach Teplitz. Begegnung mit Rahel Levin, Varnhagen von Ense, August Tiedge, Amalie Sebald (»unsterbliche Geliebte«?). Brief an Goethe. (Kleist gest.; Liszt geb.)

1812 Komposition der 8. Sinfonie op. 93. Reise nach Baden, Teplitz, Karlsbad, Franzensbad, Linz. Begegnung mit Goethe. Beethovens Schüler Carl Czerny bringt das 5. Klavierkonzert zur Wiener Erstaufführung. Verehelichung des Bruders Johann (gest. 1848). (Dickens geb.)

1813 Komposition der Kantate »Der glorreiche Augenblick«. Uraufführung der 7. Sinfonie und der sog. »Schlacht«-Sinfonie op. 91. (Wieland gest.; Th. Körner gef.; Wagner, Verdi, Hebbel geb.)

1814 Komposition der Klaviersonate op. 90. Uraufführung der 8. Sinfonie und des »Fidelio« (dritte Fassung) in Wien. Konzert anläßlich des Wiener Kongresses. (Abbé Vogler, J. F. Reichardt, Lichnowski, Saint-Pierre gest.)

1815 Komposition der Violoncello-Sonaten op. 102, der »Schottischen Lieder« op. 108 und der Musik zu Goethes »Meeresstille« und »Glückliche Fahrt«. Beethovens letztes öffentliches pianistisches Auftreten. Bruder Karl in Wien gest. (Bismarck geb.)

1816 Komposition des Zyklus »An die ferne Geliebte« op. 98. Lobkowitz gest.

1817 Erste Entwürfe zur 9. Sinfonie op. 125. Kinsky gest.

1818 Komposition der sog. Hammerklaviersonate op. 106. Einrichtung der »Konversationshefte«. (Marx geb.)

1819 Beethovens Denkschrift an den Wiener Magistrat. Ehrungen Beethovens (Philharm. Gesellschaft Laibach, Kaufm. Verein Wien). Anton Schindler wird Beethovens Adlatus. Zelter und Grillparzer bei Beethoven. (G. Keller geb.)

1820 Komposition der Klaviersonate op. 109. Entscheidung des Appellationsgerichts wegen der Vormundschaft für den Neffen Carl (gest. 1858). Brief an E. T. A. Hoffmann.

1821 Lebererkrankung. (Napoleon gest.; Baudelaire, Dostojewski geb.)

1822 Komposition der Klaviersonaten op. 110 und 111, der Ouvertüre »Weihe des Hauses« op. 124, Arbeit an der »Missa solemnis« op. 123 (begonnen 1819, beendet 1823). Schubert, Rochlitz, Rellstab, Schlösser bei Beethoven. (E. T. A. Hoffmann gest.)

1823 Arbeit an der 9. Sinfonie, Komposition der Diabelli-Variationen op. 120, Überreichung der »Missa solemnis« an Erzherzog Rudolf. Dankadresse der Freunde Beethovens. Weber und Liszt bei Beethoven. Beethoven Ehrenmitglied der Schwedischen Akademie in Stockholm. Verhandlungen mit Grillparzer wegen der Oper »Melusine«.

1824 Uraufführung der »Missa solemnis« in St. Petersburg, einiger Teile und der 9. Sinfonie in Wien. Verleihung der französ. Gedenkmünze Ludwigs XVIII.

1825 Vollendung der Streichquartette op. 127 (Uraufführung), op. 130, 132 und 133 (»Große Fuge«). Karl Holz bei Beethoven. Einladung nach London. (Salieri, Saint-Simon, Jean Paul gest.; C. F. Meyer geb.)

1826 Komposition der Streichquartette op. 131 und 135. Uraufführung von op. 130. Beethoven in Gneixendorf, an Lungenentzündung erkrankt, zurück nach Wien. Selbstmordversuch des Neffen Carl. Beethoven Ehrenmitglied der Gesellschaft der Musikfreunde Wien.

1827 Komposition des Kanons »Da ist das Werk« (letztes vollendetes Werk). J. N. Hummel, Schubert, Diabelli, Kreutzer, F. Hiller bei Beethoven. 26. März Tod Beethovens in Wien. 29. März Beisetzung im Währinger Friedhof (Überführung in den Zentralfriedhof 1888). 3. April Requiem in der Augustiner-Kirche. (Breuning, Pestalozzi gest.)

Bibliographie
(Auswahl)

Werkverzeichnis und Bibliographie

Das Werk Beethovens. Thematisch-bibliographisches Verzeichnis seiner sämtlichen vollendeten Kompositionen von Georg Kinsky, nach dem Tode des Verfassers abgeschlossen und herausgegeben von Hans Halm, München/Duisburg, 1955

Beiträge zur Beethoven-Bibliographie. Studien und Materialien zum Werkverzeichnis von Kinsky/Halm, herausgegeben von Kurt Dorfmüller, München, 1978

Gesamtausgaben

Die erste Gesamtausgabe erschien 1862 bis 1888 in 25 Bänden im Verlag Breitkopf und Härtel in Leipzig. Von 1959 bis 1971 wurde sie durch 14 weitere Bände, herausgegeben von Willi Heß und ebenfalls erschienen im Verlag Breitkopf und Härtel, Wiesbaden, ergänzt.

Seit 1960 erscheint eine neue Gesamtausgabe in 54 Bänden im G. Henle Verlag, München, herausgegeben vom Beethoven-Archiv Bonn.

Briefe, Tagebücher und Konversationshefte

Ludwig van Beethovens sämtliche Briefe, herausgegeben von Emerich Kastner, völlig umgearbeitete und wesentlich vermehrte Neuausgabe von Julius Kapp. Leipzig, 1923, unveränderter Nachdruck München, 1975

Beethoven, Ludwig van: Briefwechsel. Gesamtausgabe, herausgegeben von Sieghard Brandenburg, Band 1–7, München, 1996–98

Beethovens Tagebuch. Einl. u. hrsg. von Maynard Solomon, übersetzt von Sieghard Brandenburg, Mainz, 1989

Beethoven, Ludwig van: Beethovens Konversationshefte, 10 Bände, herausgegeben im Auftrag der Deutschen Staatsbibliothek, Berlin, von Karl-Heinz Köhler, Grita Herre, Dagmar Beck, Leipzig, 1972–1993

Einführungen und Biographien

Adorno, Theodor W.: Beethoven. Philosophie der Musik. Fragmente und Texte, Frankfurt, 1993

v. Breuning, Gerhard: Aus dem Schwarzspanierhause. Erinnerung an Ludwig van Beethoven aus meiner Jugendzeit. Ergänzt und erläutert von Alfred Ch. Kalischer, Reprint der Ausgabe Berlin und Leipzig 1907, Hildesheim, 1970

Dahlhaus, Carl: Ludwig van Beethoven und seine Zeit, Laaber, 3. Auflage 1993

Geck, Martin: Ludwig van Beethoven, Reinbek, 1996

Riethmüller, Albrecht; Dahlhaus, Carl; Ringer, Alexander L. (Hrsg.): Beethoven. Interpretation seiner Werke, 2. durchges. Auflage, Laaber, 1996

Riezler, Walter: Beethoven. 13. Auflage, Zürich, 1990

Rolland, Romain: Ludwig van Beethoven, 119. Tsd., Stäfa, 1988

Schindler, Anton: Biographie von Ludwig van Beethoven, Reprint der Ausgabe Münster 1871, Hildesheim, 1994

Solomon, Maynard: Beethoven, München, 1979

Thayer, Alexander W.: Ludwig van Beethovens Leben. Bearbeitet von Hermann Deiters, neu bearbeitet von Hugo Rieman. 5 Bände, Reprint der Ausgabe Leipzig 1908, Hildesheim, 1970–72

Franz Schubert
Briefe

Tagebuchnotizen, Gedichte
Herausgegeben von Erich Valentin

Der von seinen Freunden als ›wortkarg‹ beschriebene Schubert, der nur lebhaft und mitteilsam wurde, wenn es um die Musik ging oder aber um die Bekundung seiner freundschaftlichen Gefühle, äußerte sich gegenüber seiner Umwelt in nur wenigen Briefen. Um so mehr sprach er gleichsam mit sich selbst, wenn er seine Gedanken, Empfindungen und Beobachtungen in Tagebuchnotizen und Gedichten niederschrieb. Brief, Gedicht und Tagebuch ergeben ein Ganzes, das Einblicke in Leben und Werk Schuberts verschafft und die poetische Seite nicht nur seiner Musik, sondern auch seiner Sprache offenbart.

»Ich kenne überhaupt keinen Komponisten, der eine so vollkommen eigene Welt darstellt wie Schubert. Das ist etwas, das für mich zum Rätselhaftesten in der Musikgeschichte gehört. Er ist ein vollkommener Monolith. Ich sehe in keiner Zeit so ein Phänomen.«
Nikolaus Harnoncourt

»Mozart und Beethoven sind Genies, Schubert aber ist ein Wunder.« *Marc Chagall*

Wolfgang Amadeus Mozart
Briefe

Herausgegeben und mit Anmerkungen
und einem Nachwort von
Horst Wandrey

Wer Mozart wirklich kennen will, wer sich nicht begnügen will mit dem populären Bild des Wunderkindes, wer im Gegenteil die tatsächlichen Lebensumstände Mozarts und seine Zeit kennenlernen will, der muß Mozarts Briefe lesen.

»Geben die Briefe so schon ein festumrissenes, treues Bild der Persönlichkeit Mozarts, wie es der aus zweiter Hand schöpfende Biograph so leicht nicht zu zeichnen vermag, so sind sie zugleich auch kultur- und musikhistorische Zeitdokumente von seltener Frische und Originalität. Wir lernen die Musikpraxis der verschiedenen Höfe und Städte kennen; erfahren von den engen und kleinlichen Verhältnissen der Salzburger Hofkapelle ebenso wie von den großen Pflegestätten von Oper und Sinfonie, Paris und Wien, lesen über das lebhafte Musik- und Theaterleben der kurpfälzischen Residenz nicht weniger als über die große italienische Opernkunst. Aus der Fülle von Selbstzeugnissen erhält man auch manche wertvollen werkgeschichtlichen Aufschlüsse.«
Aus dem Nachwort des Herausgebers

»Ich habe soeben Mozarts *Briefe* gelesen, die in jeder Bibliothek vorhanden sein sollten; denn sie sind nicht nur für den Künstler interessant, sondern wirken wohltuend auf alle Menschen.« *Romain Rolland*

Mozart
Eine Biographie von
Dorothea Leonhart

Hat sich in den bisherigen Biographien der Mensch Wolfgang Amadeus Mozart den Deutungen weitgehend entzogen, so wird er hier dem Leser nahegebracht. Mozart war ein Mann der Extreme: Ruhm, Triumphe, Stargagen auf der einen Seite, Schulden, Depressionen, Vereinsamung auf der andern. Wie hängt das miteinander zusammen? Und wie konnte es überhaupt dazu kommen, daß Mozart Geldprobleme hatte? Wieviel verdiente er denn eigentlich genau?
Fundierte und gut dokumentierte Antworten auf diese und andere Fragen gibt »die Mozart-Kennerin Dorothea Leonhart« *(Rudolf Augstein)*. So erfährt der Leser u.a. den heutigen Geldwert der Honorare Mozarts. Das Buch erklärt aber auch, weshalb kein Hof Mozart in seine Dienste nahm, weshalb er in Mannheim, Paris, München, Wien und später in Berlin scheiterte. Und auch, weshalb Vater Leopold Mozart so streng zu seinem Sohn war. Eine fesselnd geschriebene Biographie voller Überraschungen.

»Das aufregendste, aber auch beklemmendste Buch über den Menschen Mozart stammt von Dorothea Leonhart, einer beachtlich beschlagenen, viel und exakt zitierenden Außenseiterin mit scharfem Blick.«
Joachim Kaiser

»Eine Perle der Mozart-Biographik.«
Toni Meissner/Abendzeitung, München

»Das beifallumrauschte Genie in seiner verhängnisvollen Labilität. Hier werden die Rätsel in Mozarts Leben nicht, wie üblich, diskret übersprungen, sondern entfaltet.« *BuchMarkt, Düsseldorf*

»Ich lese dieses Buch mit Interesse und Gewinn.«
Wolfgang Hildesheimer

Die schönsten Liebesbriefe deutscher Musiker

Herausgegeben von Anton Friedrich
und Silvia Sager

Innige, schwärmerische, sehnsüchtige, sentimentale und beschwingte Briefe von Joseph Haydn, Wolfgang Amadeus Mozart, Ludwig van Beethoven, Carl Maria von Weber, Albert Lortzing, Clara und Robert Schumann, Franz Liszt, Richard Wagner, Anton Bruckner, Johannes Brahms, Johann Strauß (Sohn), Gustav Mahler und Max Reger.

»Liebstes Weibchen, wenn ich Dir alles erzählen wollte, was ich mit Deinem lieben Portrait anfange, würdest Du wohl oft lachen – zum Beispiel, wenn ich sage: ›Grüß Dich Gott, Stanzerl! Grüß Dich Gott, Spitzbub – Krallerballer – Spitzignas – Bagatellerl – schluck und druck!‹ Nun glaube ich so ziemlich was Dummes (für die Welt wenigstens) hingeschrieben zu haben, für uns aber, die wir uns so innig lieben, ist es gerade nicht dumm!«
Mozart an seine Frau Konstanze